道徳科 授業構想グランドデザイン

文部科学省・教科調査官
浅見哲也

明治図書

はじめに

　小学校では2018年4月に、中学校では翌年の2019年4月に、道徳が特別の教科となり全面実施を迎えました。教育課程上の正式な名称は、これまでの「道徳の時間」から「特別の教科である道徳」または「特別の教科　道徳」、端的には「道徳科」と呼ぶようになりました。しかし、子供や保護者、一般の方にしてみれば、名称の変化はそれほど大きな問題ではなく「道徳」と言えばそれですむわけです。

　いわゆるこの「道徳」の授業は、時代は遡り、1958（昭和33）年9月から小学校や中学校でも行われることになっていたので、今この本を手に取っていただいているあなたも子供の頃に受けた道徳の授業の記憶が残っているかもしれません。先生がお話を読んでくれた、テレビの道徳番組を見たなど思い出されることでしょう。全く思い出すことができないという方もいらっしゃるかもしれません。もしかして授業中に居眠りをしていたのではありませんか？　それは冗談ですが、道徳の授業が先生のお説教、席替えや係決めの時間になっていたのかもしれません。この道徳の授業について今の子供たちに感想を聞いてみると、「国語や算数と違って道徳には正解がないから何でも言えて楽しい」という答えが小学生から返ってきました。それに対して中学生からは「答えが見え見えで、先生が望んでいることを書いたり発表したりすることがつまらない」という答えが返ってきました。昔と比べると道徳の授業も変わってきていると言えますが、これはいったいどういうことなのでしょうか。

このことについて考える前に、「道徳」とはどのような学習なのかを生活の中から考えてみたいと思います。

お友達と公園で遊ぶことにしました。「みんなで仲良く遊びましょう」という学習、これが道徳？　外でお菓子を食べました。「ゴミはゴミ箱に捨てるか、おうちに持ち帰りましょう」という学習、これが道徳？　電車に乗って座っているとお年寄りが乗車してきました。「お年寄りに声をかけて席を譲りましょう」という学習、これが道徳？　これらの指導が道徳だとしたら、小学生の子供たちが言っていた「道徳には正解がないから何でも言えて楽しい」というのは間違っているのではないでしょうか。「友達とは仲良く遊ぶ」「ゴミは勝手なところに捨ててはいけない」「お年寄りには席を譲る」という答えがあります。これらのことを学ぶのが道徳の授業であるとすれば、確かに中学生が言うように、先生から教わらなくても知っていることなので、つまらないという感想には頷けます。

「道徳的な人」という言葉を耳にすることがあります。それはどのような人のことを言うのでしょうか？　「約束やきまりを守る人」「礼儀正しい人」「困っている人を助ける人」、このようなイメージかもしれません。「あなたは道徳的ですね」と言われたら嬉しいですか？　相手にしてみればほめ言葉なのかもしれませんが、言われた本人は、少しお堅い人、自分自身の魅力や持ち味が感じられない人、こんな印象を受けて複雑な気持ちになっているかもしれません。

「道徳」は、他者と共に生活していく上で、人に迷惑をかけないようにするためにも大切なものではあるけれど、これを小学校や中学校で学習するということはどのような授業なのか、なかなかイメージしづらい教科と言えるでしょう。

このように考えてみると、道徳の授業を行うためには、もっと「道徳」のことを理解する必要があります。そこで、教科となった道徳科の授業について、どのように指導すればよいのかを本書でみなさんと一緒に考えていきたいと思います。

さて、この本のタイトルを『道徳科　授業構想グランドデザイン』とさせていただきました。先生方にしてみれば、道徳科の「授業づくり」の方がなじみのある言葉かと思います。それでもこの「デザイン」という言葉を使いたいと考えたのには訳があります。今日では「グラフィックデザイン」「建築デザイン」「ファッションデザイン」など、様々な分野でこの「デザイン」という言葉が使われています。「デザイン」というと、色や形、配置などを工夫し設計されたものと考えることができますが、このような工夫が様々な分野で必要とされ生かされています。ですから道徳科でも使いたいということなのですが、この「デザイン」という言葉の意味をもう少し詳しく調べてみると、二つの意味で捉えることができるのです。一つは、設計したことに基づいて形にしていくこと、もう一つは、目的を達成するための手段、思考の枠組、コンセプトの設計です。

本書『道徳科　授業構想グランドデザイン』でも、この二つの捉え方でデザインしていこうと考えました。まずは前者のように、まだ道徳科の授業のことがよく分からないという先生方と一緒に、授業を設計するために必要な知識を学びながら形にしていこうと思います。しかし、得られた知識に基づいて形にしていくことばかり考えてしまうと、教師目線の授業設計になってしまいます。子供たちのことを考えた授業設計でなくてはなりません。そこで後者のように捉え、道徳科の目標を達成するためには子供たちがどのように学ぶことが重要なのかを考えて設計することを大切にしたいと考えました。同じ「デザイン」でも、前者は授業者である教師のための自己実現であり、後者は子供たちのための問題解決です。「デザイン」には、創造的で柔軟性のある発想が必要であり、その範囲は、単に指導方法の工夫など、狭い範囲にとどまるものではありません。このような意味を込めて本書のタイトルを決めさせていただきました。それでも本文では一般的な言葉として「構想」という言葉を頻繁に使っています。しかしそれは、教師サイドのみの設計ではなく、子供サイドに立った設計であるという意識をもって読み、授業を構想していただきたいと思います。

本書は、道徳科についてなかなか勉強する機会がなく、どのように授業を構想すればよいか分からずに迷っている方、自己流の授業に自信がもてない方、これまで実践を積み重ね、もう一度道徳科の授業を見つめ直し、新たな発想で道徳科の授業を構想したいという方などのことを考えてまとめたものです。私自身の自己実現ではなく、困ったり、迷ったり、意欲に満ちあふれていたりする方々の問題解決となる「道徳科　授業構想グランドデザイン」なのです。

目次

はじめに

第1章　道徳科の本質

「道徳」ってどんなもの？ 14

「道徳」とは法やきまりを守ること？ 14　嘘をつくことはいけないこと？ 16

「道徳」とは 18

善悪を判断するということ 20

万人に共通する一つの答えはない 20　個人の「好き」「嫌い」 21

道徳的行為を実践するために 24

道徳科の授業の意義 26

よりよく生きるために 26　「道徳」は教えられるのか 27

コラム　アンパンマンとばいきんまんの戦い 30

第2章　道徳科の基礎知識

道徳科の目標を理解する　34

道徳科を理解するためのキーワード　34　キーワード①「道徳性」　36
キーワード②「道徳的価値」　42　キーワード③「内容項目」　43
キーワード④「ねらい」　45　キーワード⑤「主題」　47
キーワード⑥「教材」　50　キーワード⑦「道徳的価値の理解」　53
キーワード⑧「道徳的価値の自覚」　55　迷ったら原点に戻る　57
コラム「養う」と「育てる」の違い　58

第3章　道徳科の落とし穴

読み取り道徳　62

教材の登場人物の気持ちを考える 63 自我関与とは 65
なぜ教材を活用するのか 68 教材の登場人物を活用した発問の意図 69
押し付け道徳 72
価値観の押し付け 73 授業者が行うこと 74 教師が教えられること 77
あいまい道徳 79
指導の意図をもつ 79 大劇場のステージと男の子のどちらを選ぶのか? 80
姉弟を動物園に入園させるのか? 82
決意表明道徳 84
道徳的行為の具体的な指導 85 生徒指導と道徳教育 86
コラム 授業は誰の自己表現の場なのか? 89

第4章 道徳科の授業構想グランドデザイン

年間指導計画を確認する 92

年間指導計画の役割 92　学校教育目標の具現化を図る 93

指導の意図をもつ 96

道徳性の諸様相を育てる道徳科 96　授業のねらいは誰が決めるのか？ 98

教材を活用する 102

なぜ、教材を活用するのか？ 102　教材吟味 104

発問を工夫する 108

登場人物の気持ちや考えを問う 108　問い方を工夫する 111

学習指導過程を構想する 114

授業の中心となる「展開」 114　「導入」や「終末」の役割 116

学習活動をより効果的に行う 117　時間配分 118　授業構想の手順 119

主体的・対話的で深い学び 121

全ての教科等で育成を目指す資質・能力 121

資質・能力を育成するための学び 123　資質・能力の三つの柱と道徳性 125

道徳科に求められる学習活動 127　問題意識をもつ 129

自分との関わりで考える 134　多面的・多角的に考える 142

言語活動の充実 152　自己の（人間としての）生き方についての考えを深める 155
ねらいとする道徳的価値を手掛かりにする 156　「深い学び」 157
何をどのように振り返るのか 159　書く活動 161

指導方法を工夫する 166
手段としての指導方法の工夫 166　令和の日本型学校教育 174

子供の学習評価を行う 177
道徳科の評価 177　道徳性の評価 179
道徳科の授業で見取る子供の評価 180　評価するための子供への配慮 185

授業に対する評価を行う 188
授業の評価 188　指導と評価の一体化 191
評価の視点を生かした道徳科の授業の質的転換 195　指導と評価の一体化の具体 197
事例1　小学校第1・2学年［個性の伸長］ 198　事例2　中学校［生命の尊さ］ 201
事例3　小学校『雨のバス停留所で』 205　事例4　中学校『二人の弟子』 206
一人一人の子供たちへの適切な対応 209
コラム　授業の「間」 211

第5章　道徳科の授業デザイン例

『黄色いベンチ』小学校低学年　C［規則の尊重］214
低学年の［規則の尊重］214　子供の実態を踏まえた指導 217
どこまでを指導のゴールとするか 219
『花さき山』小学校中学年　D［感動、畏敬の念］223
内容項目Dの視点の特徴 223　［感動、畏敬の念］とは 225
美しいものを見つけよう 228
『うばわれた自由』小学校高学年　A［善悪の判断、自律、自由と責任］232
道徳の本質を考える授業 232　思考ツールを活用する 235
『言葉の向こうに』中学校　B［相互理解、寛容］240
授業構想の基本に返る 240

おわりに

第 1 章

道徳科の本質

「道徳の時間」という学習が特別の教科となり「道徳科」と呼ばれるようになりました。この道徳科とはいったいどのような学習なのでしょうか。例えば、国語科ならば、言葉を理解したり、言葉を使って表現したりする学習、算数科や数学科ならば、計算をして数量で表したり、図形の特徴を知ったりする学習、さて、道徳科は？　と聞かれたらどのように答えるでしょうか。よい生き方をするための学習というのも一つの答えかもしれません。では、よい生き方とはどのような生き方なのでしょうか。人に迷惑をかけない生き方、きまりを守る生き方、社会に貢献する生き方など、いろいろと考えられますね。

この章では、「道徳」とはどのような学習なのかを考えていきたいと思います。

「道徳」ってどんなもの？

「道徳」とは、何が善いことで、何が悪いことなのかを、自分の心でしっかり考えるところにあります。

「道徳」とは法やきまりを守ること？

「道徳」ってどういうものなのでしょうか。人の行為に対して、「道徳的だ」とか「不道徳だ」と言うことがあります。そこにはどのような判断基準があるのでしょうか。まず、考えられること、それは「善」と「悪」、つまり善悪の判断で道徳的か道徳的ではないか判断できそうです。では、その善悪の判断は誰がするものなのでしょうか。その判断の根拠となるものに法や規則、きまりが存在します。多くの人が共に安心して生活するために必要なものであることに気付くでしょう。ということは、「道徳」とは、法や規則、きまりを守ることと言えばよいのではないでしょうか。実際にみなさんも、意識的あるいは無意識的にきまりに従って生活をしていますね。道路では赤信号で止まる。ドッジボールで当てられたら外野に出る、税金を払うなど、どのきまりを破っても相手に迷惑をかけることになり、破れば罰せられることもあります。きまりに従って生活をすることはとても大切なことです。

「道徳性が高い」とか「道徳心がある」という言葉を聞くこともありますが、道徳性が高い人とは、自分を律し、常に善悪の判断ができ、人に迷惑をかけない人、このようなイメージでしょう。では、このような人は常に頭の中に法や規則、きまりが記憶されており、それに従って行為を選択して生活しているのでしょうか。それもなんだか窮屈そうですね。それでもきまりを守ることの重要性を考えれば守らなければなりません。つまり「道徳」とは、きまりに従って行動することを教えたり、きまりを守る心を育てたりすることにあるということになりそうです。でも、本当にそれでよいのでしょうか？

嘘をつくことはいけないこと？

法や規則に対して「きまり」は、明文化されている、いないにかかわらず、当たり前のように分かりきった習慣的なことに使われる言葉です。例えば、「嘘をつく」ということはどうでしょう。一般的に嘘をつくことはいけないという暗黙のきまりがあります。もちろん、法や規則にも偽りが禁止されているものも少なくありません。では、親が子供に「この野菜を食べるとかぜをひかないよ」「悪いことをする子のところには、サンタクロースは来ないよ」「食べてすぐに寝ると牛になるよ」と言うのは本当のことなのでしょうか。これらの親から子供への発言は、悪いことだとは言い切れないと思いますし、むしろ、肯定的に受け止める人も多いのではないでしょうか。この他にも相手のことを考えたら本当のことを言わないで嘘をついた方がよいということもあると思いますし、実は、小・中学校で活用している道徳科の教材の中にも、登場人物が嘘をつくことを否定するものばかりでなく、肯定されるようなものも少なくありません。

今度は「困っている人を助ける」ということについて考えてみます。一般的には助けた方がよいとされています。では、助けないと罰せられるのかといえばそうではなく、また、助けるにしてもいろいろな手段がありそうです。時には何もしない方が相手のためになることさえあります。これらのことは、法や規則で決められていることではありません。では、誰が判断しているのでしょうか。そうです、自分です。自分の中に判断基準があり、自問自答して、正直に言ったり、嘘をついたり、手を差し伸べたり、見守ったりしているのです。その結果として周りの人からは、「優しい人」「誠実な人」、反対に「冷たい人」「嘘つき」などと言われます。これは「道徳性が高い、低い」とか「道徳心がある、ない」という評価をされていると言えます。こうして考えてみると、きまりを守るというのが「道徳」だとは単純に言えないことが分かります。

いずれにしても「道徳」とは、何が善いことで何が悪いことなのかを判断することが基準になっていることに間違いはなさそうです。しかし、この世の中の全てのことが、法や規則で決められているわけではありませんし、物事の善悪を判断するということは、実はそう簡単なことではないことは、先に述べた「嘘をつくこと」や「人を助けること」でも明白で非常に難しいことなのです。「人の命を奪うこと」は許されないことですが、「安楽死」や「死刑」は、極端に言えば「善い」と思うから行われることがあるわけです。

とかく「道徳」とは、法や規則、きまりなど、外から与えられているものに従うという受動的なものと捉えられがちですが、むしろ自分の内面で善悪についてしっかり考えるという能動的、主体的なところに「道徳」があるということです。

「道徳」とは

ここで、「道徳」という言葉の意味を辞書で引いてみましょう。すると、概ね次のように説明されています。

・人のふみ行うべき道。ある社会で、その成員の社会に対する、あるいは成員相互間の行為の善悪を判断する基準として、一般に承認されている規範の総体。法律のような外面的強制力を伴うものでなく、個人の内面的な原理。(広辞苑)

・ある社会で、人々がそれによって善悪・正邪を判断し、正しく行為するための規範の総体。法律と違い外的強制力としてではなく、個々人の内面的原理として働くも

のをいい、また宗教と異なって超越者との関係ではなく人間相互の関係を規定するもの。（大辞林）

・人々が、善悪をわきまえて正しい行為をなすために、守り従わねばならない規範の総体。外面的・物理的強制を伴う法律と異なり、自発的に正しい行為へと促す内面的原理として働く。（大辞泉）

これらの言葉の意味からも、「道徳」とは外からの強制ではないことが分かります。人が集う社会の中で正しい行為をするための規制であり、それは個人の内面的規範であるということです。

善悪を判断するということ

何が善いことで何が悪いことなのかを判断することは、そう簡単なことではありません。

万人に共通する一つの答えはない

「道徳」とは、個人の内面で善悪を判断していくことですが、嘘をついてよいか、いけないか、というように、何が善いことで何が悪いことなのかを判断することは容易なことではありません。1＋1＝2のように、どこの場所でも認められている答えがあれば正誤の判断は簡単にできるのですが、善悪の判断は、その状況によって善が悪になったり、悪が善になったりすることもあります。

また、善悪の判断は人によって異なるということも知っておかなければなりません。しっかり考えて得られた結論はみんな一つにまとまるのかといえばそうではなく、例えば、ある人はきまりを守ることに賛成し、ある人は例外を認めることに賛成することもあります。それはなぜかというと、そこには、その人がこれまで育ってきた環境の中でつくり上げてきた価値観があるからです。当然それは人によって異なります。だからこそ、万人が納得するような正解もなかなか見つけることができず、物事を判断するときには話合いが必要になります。しかし、いつもそのように話し合う時間があるわけではありません。そこで、法や規則、きまりをつくってそれに従うことで大きな問題になることを防いでいると言えます。

個人の「好き」「嫌い」

前述したように、法や規則、きまりに従うことが「道徳」ではなく、自分の内面でしっかりと考えることが「道徳」です。

このような捉えの中では、できる限り誰にでも認められるような正しい判断ができているかを考えるということが重要になります。

そのためには自分の価値観にも磨きをかけていく必要があります。自分の価値観はどのような形で表れるかというと、「好き」「嫌い」で表れるものです。自分に厳しく人に優しい人であれば、自分の価値観に向き合い、自分の「好き」という感覚に従って判断すれば、そうは相手に迷惑をかけることはないと思われます。反対に、自分に甘く人に厳しい人であれば、自分の「好き」を優先すると相手に迷惑をかけ、わがままや自分勝手と捉えられてしまいます。こうしたことから、「道徳」として何が善いことで何が悪いことなのかをしっかり考えて判断するときには、図1のようなマトリックスが個人の内面にはあると考えられます。

人はこれまでの環境によってつくられた自分の価値観により、自分の好みもつくられていきます。人間の本性として、自分の好きなことをしようとし、自分の嫌いなことは避けようとします。自分の好き嫌いで物事を判断し、それが自分にとっても周りの人にとっても気持ちよく生活していくことにつながればよいのですが、それはなかなか難しいものです。まだまだ視野が狭い子供は、自分の価値観で自分にとって都合のよいように考えてしまうので、自分の好き嫌いで判断すると、周りの人に迷惑をかけてしまいます。

　自分の好きなことは善いことなのか、悪いことなのか。自分の嫌いなことでも善いことはあるのか、やはり悪いことなのか。こうした内面にある2次元のマトリックスに当てはめて考えていくところに個人の「道徳」があると言えます。

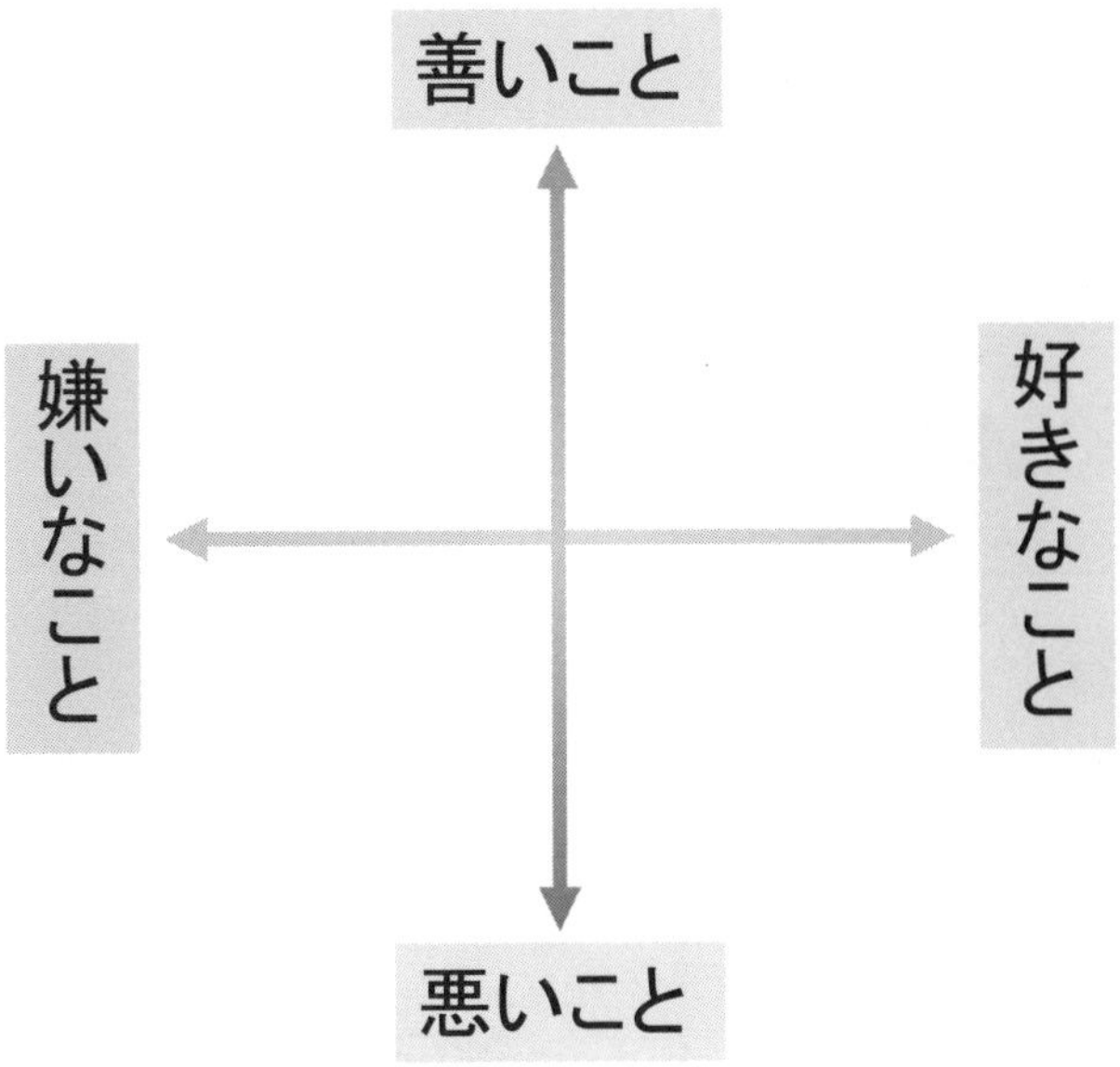

善いこと
好きなこと
嫌いなこと
悪いこと

図１

道徳的行為を実践するために

　さらにこのマトリックスにもう1次元加えて考えなければならないことがあります。それは、心の「強さ」「弱さ」という軸になります。例えば、ある物事に対して、自分の内面で善いことと判断し、それは自分にとっても好きなことと認められても、いざ行おうとしたときにできなかったという経験はないでしょうか。例えば、相手に対する思いやりは大切なことで、人に優しい自分になりたい、そんな自分が好きだと思っていても、困っている人に声をかけることができない、という場合です。また、善いことと判断し、それはどちらかというと自分の好きな

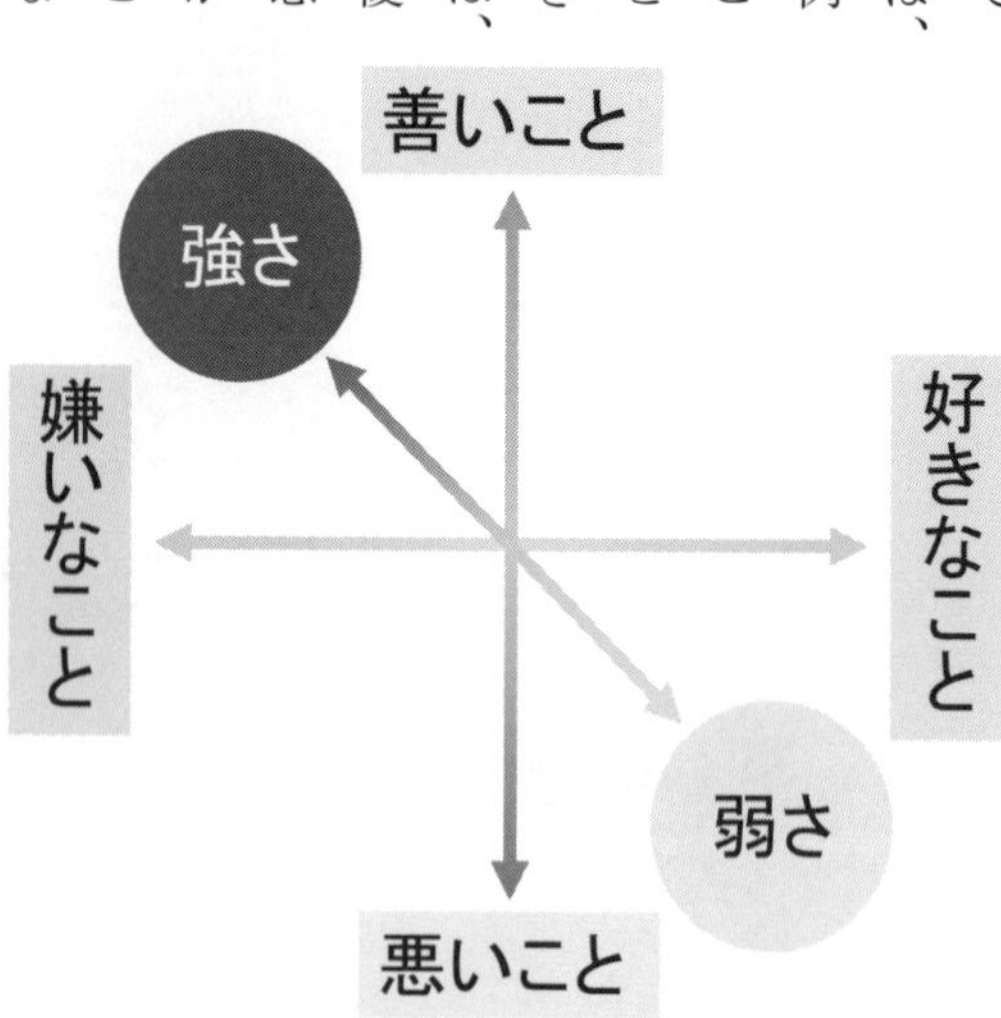

ことではないけれど、やってみたという経験もあるかもしれません。例えば、友達には本当のことを伝えた方がよいとは思っても、それは友達を傷つけてしまうことにもなるので、そのままそっとしておいた方がいいと考えたが、そのままにしておくと友達に恥をかかせることにもなりかねません。そこで思い切って伝えてみた、という場合です。その結果、これまで以上に友情が深まるかもしれません。

このように考えて表出された行為を「道徳的行為」とするならば、この行為は2次元のマトリックスで捉えた個人の「道徳」に心の「強さ」「弱さ」という1次元を加えて考えるということになります。「善い」ことと「悪い」ことを基準として、これは価値のあることだと判断し、自分にとっては「好き」なことなのか「嫌い」なことなのかもあわせて考えます。好きなことならば、抵抗なく行為として表出しやすいと言えますが、必ずしもそうではなく、自分の心の「弱さ」に打ち勝つ心の「強さ」を発揮して「道徳的行為」を実践することができるようになるというわけです。

道徳科の授業の意義

視野を広げて考えて、自己を客観的に見つめるところに道徳科の意義があります。

よりよく生きるために

よりよく生きるとは、決して自分だけが幸せに生きていければよいということではありません。自分だけでなく、みんなが幸せに生きていけるような世の中をつくっていかなければなりません。善悪について適切な判断ができ、他者と共によりよく生きていくためには、どのようなことを学ぶべきなのでしょうか。

まずは、自分自身に関すること。自分の中で、常に何が善いことで何が悪いことなのかをしっかりと考えることは必要不可欠なことです。また「人間」という言葉の通り、人と人との間で生活する、つまり、人は一人では生きていくことができないので、相手との関わりに関することや集団や社会との関わりに関することも考えなくてはなりません。さらに、人間も他の動植物と同じように自然の中で生きているからこそ、こうした人間の力を超えたものに関することも生きていく上では考える必要があります。このように自分から相手、集団、自然へと視野を広げていきながら、善悪についてしっかりと考えていくということです。

「道徳」は教えられるのか

物事の善悪に対する自分の価値観に磨きをかけ、よりよく生きていくための適切な判断ができるようになるためには、いつも自分一人だけで考えているよりも、多くの人の価値観に触れ、多様な考えを知ることが必要です。

授業者である教師としての指導の立場を考えたときに、国語、算数など各教科の内容の指導については、教科用図書を使用しながら、知識や技能を子供たちがどのように獲得するのかということが中心になります。指導する教師は、各教科の内容についてよく理解しており、教えることができます。では、道徳科の場合はどうでしょうか。そこに根本的な違いがあります。教師が道徳科の内容について全てを理解しており、教師ができることを教えるということとは異なります。つまり、道徳科の内容には、教師であっても実際にはなかなかできないことがあるということです。だからこそ、「反面教師」という言葉があるわけです。

また、こうした学びは友達との遊びの中でもできますし、本を読んで先人の生き方に触れて考えることもできます。このような学びを意図的、計画的に行うこと、ここに学校で行う道徳科の授業の価値を見いだすことができるのです。これまでの自分の考えを確認し、自分の考えを相手に伝え、相手の考えを聞き、改めて自分の考えを確かめる。こうした学びを繰り返すことでよりよく生きるための自分の価値観に磨きをかけ、適切に善悪の判断ができる心を身に付けていく。これが道徳科の授業の意義であり役割と言えるのです。

いかがでしょうか。ぼんやりしていた「道徳」がどのようなものか、少しはイメージできたでしょうか。第2章では、これらの理解をより整理するために、学習指導要領解説

特別の教科　道徳編に則って、道徳科の基礎知識を身に付けていただきたいと思います。

アンパンマンとばいきんまんの戦い

みなさんおなじみのアンパンマンとばいきんまん。さて、この二人はいったいどこに住んでいるのでしょうか？　このような質問に作者のやなせたかしさんは、「みんなの心の中に住んでいます」と答えています。みなさんの心の中に住んでいるばいきんまんは、自分の本性、つまり、「好き」「嫌い」に従って自由奔放な生活をしようとするでしょう。それは全てがいけないことではありません。お腹がすいたらごはんを食べる、眠くなったら寝る、どれも人間が生きていく上で大切な本能です。こんなばいきんまんは、ほしい物があればその欲求を満たそうと、人の物まで手に入れようとしたり、物を破壊してしまったりすることがあります。このようなばいきんまんは放っておくわけにはいきませんね。しかし、手に入れたいほどの物の価値を見抜く心、美しい物を美しいと感じるその心はそのままにしておきたい。つまり、憎めないキャラクターばいきんまんが自分の心の中に存在しているということです。

　そこで登場するのが正義の味方アンパンマン。アンパンマンは「善い」「悪い」という判断基準でばいきんまんの悪事をくい止めようとします。

　このように、アンパンマンとばいきんまんは常に心の中で戦っていますが、勝つのはどちらでしょうか。勝つのは必ずアンパンマンと決まっているわけではありません。お菓子を食べたらゴミが出ました。そこで、ばいきんまんは自分で持っているのが「嫌い」、逆に言えばゴミは持っていない方が「好き」なので道に捨ててしまおうとします。するとアンパンマンはゴミを道端に捨てることは「悪い」と判断して「ゴミ箱に捨てなくちゃだめだよ」と注意します。さあ、この戦いはどちらが勝つのでしょうか。

心の中をのぞいてみましょう!!

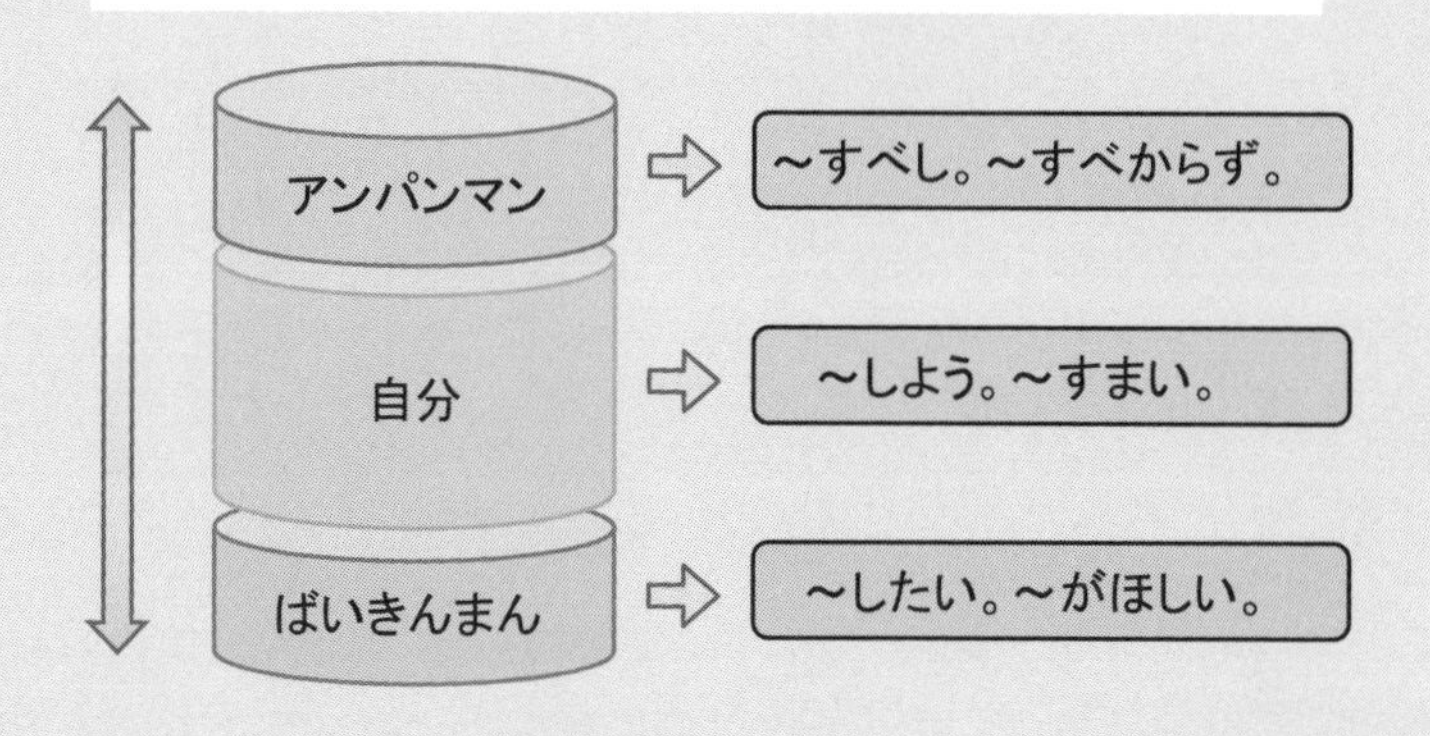

ここでちょっと考えてみてください。あなたはどちらの味方に付くのでしょうか。アンパンマンの味方に付くという人は、心の「強さ」が発揮されていると言えます。ばいきんまんの味方をしたくなるという人は、心の「弱さ」に負けてしまったと言えます。こうして心の中で戦っているのはアンパンマンとばいきんまんだけではなく、自分もどちらかの味方に付いているということが言えるのです。

さて、アンパンマンの主題歌「アンパンマンのマーチ」は、誰もが一度は聴いたことがあると思います。そこで、改めて歌詞に注目して聴いてみてください。「なんのために　生まれて　なにをして　生きるのか　こたえられない　なんて　そんなのは　いやだ！」「なにが君の　しあわせ　なにをして　よろこぶ　わからないまま　おわる　そんなのは　いやだ！」と、歌っています。この歌詞は、まさに道徳科の授業のことを言っているように、私には思えてならないのです。よりよい生き方を模索していくところに道徳科の意義があるからです。

第 2 章

道徳科の基礎知識

　第１章では「道徳」とはどのようなものなのかを捉えてみました。そして、このような学習を教育課程に位置付けて、全国の公立の小・中学校では「道徳科」として授業を行うことにしています。

　そこでこの第２章では、道徳の本質を踏まえ、道徳科の授業を行う上で知っておきたいキーワードを基礎知識として取り上げ、学習指導要領解説　特別の教科　道徳編（以下「解説」とする）に沿って解説していきたいと思います。

道徳科の目標を理解する

本質を外さない授業をするには、道徳科の目標を理解することが必要不可欠です。

道徳科を理解するためのキーワード

全国どこの学校でも一定の水準の教育を保てるようにするため、文部科学省が定めているものに、小学校、中学校、特別支援学校等それぞれの「学習指導要領」があります。また、教育課程全体のことを定める「総則」の他、「国語科」「算数科」「数学科」など各教科等においてそれぞれ「解説」が出されています。道徳科で言えば、小学校、中学校それそれの「学習指導要領解説　特別の教科　道徳編」（以下「解説」とする）になります。実は「道徳科」という名称はこの解説の中では一般的に使われていますが、法や規則等では「特別の教科である道徳」あるいは「特別の教科　道徳」と示されています。いずれにしてもこれらの言葉は全て道徳科の「授業」のことを示しています。

ここで、道徳科の授業を理解するために、解説に出てくる言葉の中から、基礎知識として八つのキーワードを挙げてみたいと思います。

①道徳性　②道徳的価値　③内容項目　④ねらい　⑤主題　⑥教材
⑦道徳的価値の理解　⑧道徳的価値の自覚

では早速、これらの言葉を使って、道徳科の授業を一文で説明してみようと思います。

道徳科では、子供の道徳性を養うために、授業のねらいを設定して教材を活用し、一般的には一つの主題を1単位時間で取り扱いながら、内容項目に含まれる道徳的価値を手掛かりとして、道徳的価値の理解を基に、自己を見つめ、物事を多面的・多角的に考えるという道徳的価値の自覚を深める過程を通して、自己の生き方についての考えを深め、道徳性の様相を育てる。

（※筆者が考えたものであり、解説上の表記ではない）

いかがでしょうか。今、これを読んでも言葉の意味が理解できていないので、何のことを言っているのかさっぱり分からないという方も当然いらっしゃるかと思います。ご安心ください。そんなみなさんのためにこの本があるわけです。この八つのキーワードについて解説を紐解きながら説明していきたいと思います。

キーワード①「道徳性」

道徳性とは、各教科等での指導の他、学校行事、給食の時間、清掃活動、部活動なども含めた全ての教育活動を通じて養おうとするものであり、道徳教育の目標としています。この「道徳教育」という言葉は「道徳科」とは異なり、単に道徳科の授業のことだけでなく、全ての教育活動で行うという意味で使われています。

> 道徳教育は、教育基本法及び学校教育法に定められた教育の根本精神に基づき、自己の（人間としての）生き方を考え、主体的な判断の下に行動し、自立した人間として他者と共によりよく生きるための基盤となる道徳性を養うことを目標とすること。
>
> （※傍線は筆者）

※小学校学習指導要領解説　総則編　26ページ参照
※中学校学習指導要領解説　総則編　26ページ参照

この道徳性は、道徳科の授業だけでなく全ての教育活動で養えるものなのです。後ほど道徳性については詳しく説明しますが、おそらく、学校の教育活動でこの道徳性を養うことに関わりのない活動は一つとしてないと思います。

こうした全教育活動を通じて道徳性を養うというのが道徳教育のスタンスであり、その要として、年間を通して行う道徳科の授業が位置付けられています。

道徳教育は、特別の教科である道徳（以下「道徳科」という。）を要として学校の教育活動全体を通じて行うものであり、道徳科はもとより、各教科、（外国語活動、）総合的な学習の時間及び特別活動のそれぞれの特質に応じて、児童（生徒）の発達の段階を考慮して、適切な指導を行うこと。

※小学校学習指導要領解説　総則編　25ページ参照
※中学校学習指導要領解説　総則編　25ページ参照

要としての道徳科は、年間35時間以上（小学校第1学年は34時間以上）、つまり、週に1回、子供たちの時間割にも表示され授業として行うものです。次に示すのは道徳科の目標ですが、その道徳科の授業においても、この道徳性を養うことを目標としています。

第1章総則の第1の2の(2)に示す道徳教育の目標に基づき、よりよく生きるための基盤となる道徳性を養うため、道徳的諸価値についての理解を基に、自己を見つめ、物事を（広い視野から）多面的・多角的に考え、自己の（人間としての）生き方についての考えを深める学習を通して、道徳的な判断力、心情、実践意欲と態度を育てる。

（※傍線は筆者）

※小学校学習指導要領解説　特別の教科　道徳編　16ページ参照
※中学校学習指導要領解説　特別の教科　道徳編　13ページ参照

この道徳性については次のように示されています。

・思考や判断、行動などを通してよりよく生きるための営みを支える基盤となるもの
・人間としての本来的な在り方やよりよい生き方を目指して行われる道徳的行為を可能にする人格的特性であり、人格の基盤をなすもの
・人間らしいよさであり、道徳的価値が一人一人の内面において統合されたもの

※小学校学習指導要領解説　総則編　27ページ参照

※中学校学習指導要領解説　総則編　28ページ参照

道徳性とは、人間としてよりよく生きようとする人格的特性であり、（道徳教育は）道徳性を構成する諸様相である道徳的判断力、道徳的心情、道徳的実践意欲と態度を養うことを求めている。

（※傍線は筆者）

※小学校学習指導要領解説　特別の教科　道徳編　20ページ参照
※中学校学習指導要領解説　特別の教科　道徳編　17ページ参照

つまり、学校教育で行う道徳教育では、この道徳性を次のような様相で捉えることとしているのです。

・道徳的判断力：それぞれの場面で善悪を判断する能力
・道徳的心情：道徳的価値の大切さを感じ取り、善を行うことを喜び、悪を憎む感情

・道徳的実践意欲と態度：道徳的判断力や道徳的心情によって価値があるとされた行動をとろうとする傾向性
・道徳的実践意欲：道徳的判断力や道徳的心情を基盤とし道徳的価値を実現しようとする意志の働き
・道徳的態度：道徳的判断力や道徳的心情に裏付けられた具体的な道徳的行為への身構え
※道徳性の諸様相には、特に序列や段階があるということではない
※道徳的価値を実現するための適切な行為を主体的に選択し、実践することができるような内面的資質を意味している
（※波線は筆者）

※小学校学習指導要領解説　特別の教科　道徳編　20ページ参照
※中学校学習指導要領解説　特別の教科　道徳編　17～18ページ参照

これらの道徳性を構成する諸様相は全てが互いに関わり合っており、どれが一番大切かといったような序列があるわけではなく、養われる順序も決まっているわけではありませ

ん。道徳科においては、これらの様相の調和を保ちながら、計画的、発展的に指導することが重要なのです。

また、内面的資質とは個人の内側にあるものということです。外側からの強制によって道徳的行為を強いるものではありません。ここに、第1章で捉えた道徳の本質が見えてくると思います。

キーワード②「道徳的価値」

道徳的価値とは、よりよく生きるために必要とされるものであり、人間としての在り方や生き方の礎となるものです。人々が共に社会で生活していく上で大切にしていくべき価値あるものはたくさんあります。自分自身が善悪の判断をしっかり行うとともに、相手には思いやりの心をもって接することが必要です。集団になるときまりを守ることは欠かせないことになり、自他の生命を尊重して生活することが求められます。これらは全て人々が共に生活していく上で欠かせない価値あるものであり、それぞれ「道徳的価値」と呼ばれるものです。かつては「徳目」と呼んでいることもありました。

キーワード③「内容項目」

学校教育において、子供が人間として他者と共によりよく生きていく上で学ぶ必要があると考えられる道徳的価値を選りすぐり、さらに分かりやすくするために、四つの視点に分けて整理しています。

Ａ　主として自分自身に関すること
Ｂ　主として人との関わりに関すること
Ｃ　主として集団や社会との関わりに関すること
Ｄ　主として生命や自然、崇高なものとの関わりに関すること

※小学校学習指導要領解説　特別の教科　道徳編　23ページ参照
※中学校学習指導要領解説　特別の教科　道徳編　20ページ参照

これらの四つの視点に分けられた道徳的諸価値は「内容項目」として整理され、小学校低学年、中学年、高学年、中学校という発達の段階を考慮して設定されています。指導する内容項目の数は、小学校低学年は19項目、中学年は20項目、高学年は22項目、中学校も22項目となっています。

これらの内容項目は、子供自らが道徳性を養うための手掛かりとするものです。今週の授業では［相互理解、寛容］という内容を手掛かりとして道徳性の様相（道徳的判断力、心情、実践意欲と態度）を育て、来週の授業では［自然愛護］という内容を手掛かりとして道徳性の様相を育てるということを繰り返しています。道徳科の授業では、1年間で該当する学年段階で必ず全ての内容項目について指導することとしています。

なお、一つ一つの内容項目の概要や発達の段階を踏まえた指導の要点の詳細については、解説の中にそれぞれ見開きで説明されていますので、授業を行う前には必ず読んで指導の参考にしてください。

※小学校学習指導要領解説　特別の教科　道徳編　28〜71ページ参照
※中学校学習指導要領解説　特別の教科　道徳編　26〜69ページ参照

キーワード④「ねらい」

道徳科の指導は道徳性を養うことを目標として行います。前述したように、道徳科では、内容項目に含まれる道徳的諸価値を手掛かりとしながら道徳性の諸様相を育てることを目標としています。そのため、必ずねらいを設定して授業を行います。

そのねらいの設定については、解説で次のように示されています。

> 道徳科の内容項目を基に、ねらいとする道徳的価値や道徳性の様相を端的に表したものを記述する。

※小学校学習指導要領解説　特別の教科　道徳編　74ページ参照
※中学校学習指導要領解説　特別の教科　道徳編　71ページ参照

例えば、次のようなねらいの表記が考えられます。

・小学校中学年の〔個性の伸長〕の授業のねらいの例

自分の特徴に気付き、長所を伸ばそうとする（道徳的）態度を育てる。

・中学校の〔公正、公平、社会正義〕の授業のねらいの例

誰に対しても公平に接し、差別や偏見のない社会の実現に努めようとする（道徳的）心情を育てる。

このように、授業のねらいとする道徳的価値を明らかにするとともに、あわせて、道徳性を構成する諸様相の中でも、特にどの様相に焦点を当てて指導するのかも明らかにするのが授業のねらいの設定の仕方です。

キーワード⑤「主題」

「ねらい」と似た意味をもつ言葉に「主題」があります。道徳科では「主題名」と言った方が身近な言葉かもしれません。この「主題」について、解説には次のように示されています。

> 道徳科の主題は、指導を行うに当たって、何をねらいとし、どのように教材を活用するかを構想する指導のまとまりを示すものであり、「ねらい」とそれを達成するために活用する「教材」によって構成される。

※小学校学習指導要領解説　特別の教科　道徳編　73ページ参照
※中学校学習指導要領解説　特別の教科　道徳編　71ページ参照

したがって、主題名について解説には次のように示されています。

> ねらいと教材で構成した主題を、授業の内容が概観できるように端的に表したものを記述する。
>
> ※小学校学習指導要領解説　特別の教科　道徳編　73～74ページ参照
> ※中学校学習指導要領解説　特別の教科　道徳編　71ページ参照

例えば、低学年の［節度、節制］を教材『かぼちゃのつる』を活用して指導を行おうとした場合、授業のねらいを「健康や安全に気を付け、わがままをしないで生活しようとする（道徳的）判断力を育てる」としたら、教材『かぼちゃのつる』の特徴を生かしながら考えられる主題名は、

「がまんすることはどんなこと？」

が一つの例です。

中学校の［家族愛、家庭生活の充実］を教材『一冊のノート』を活用して指導を行おう

とした場合、授業のねらいを「かけがえのない家族の存在に気付き、その一員として関わり合いながら、温かい家庭生活を築こうとする心情を育てる」としたら、教材『一冊のノート』の特徴を生かしながら考えられる主題名は、

「家族の絆」

が一つの例になります。

　いずれにしても、道徳科の授業で必要不可欠なものは「ねらい」と「教材」であり、これらによって道徳科の「主題」が設定されるということです。

　この主題名は、すでに道徳科の年間指導計画などに示されているかもしれませんが、本来は授業のねらいと活用する教材を基に、授業者の思いを込めて決めるものです。授業者がこだわりをもって主題を決め、端的な言葉で示すと、主題名を見ただけで授業者の意図が伝わってくるものです。

キーワード⑥「教材」

教材については、主たるものとして教科用図書（以下「教科書」とする）が使用されます。教科書に掲載されている教材の多くは読み物が多く、例えば『はしの上のおおかみ』『雨のバス停留所で』『手品師』『足袋の季節』などの読み物教材は、みなさんの子供の頃の記憶として残されているかもしれません。教材は読み物以外にも、古典、随想、民話、詩歌などの作品、映像ソフト、映像メディアなどの情報通信ネットワークを利用した教材、実話、写真、劇、漫画、紙芝居などの多彩な形式のものなどを活用することも考えられます。

これらの道徳教材は、単に読んで話の内容を理解するためのものではなく、道徳科の授業のねらいを達成するために活用されるものです。道徳科の教材には道徳的価値に関わる事項が含まれているので、ねらいを達成するために、教材のどの場面を取り上げて話し合うのかをしっかりと吟味することが大切です。

また、教材を活用して行う1単位時間の授業の主題は一般的には一つです。解説には次のように示されています。

> 道徳科においては、一つの主題を1単位時間で取り扱うことが一般的である……
> （以下、省略）
>
> ※小学校学習指導要領解説　特別の教科　道徳編　75ページ参照
> ※中学校学習指導要領解説　特別の教科　道徳編　73ページ参照

発達の段階を考慮して設けられている一つ一つの内容項目には、一つの道徳的価値のみが示されているかというと、実はそうとは限りません。例えば、小学校低学年の「節度、節制」という内容項目には、「健康や安全に気を付ける」「物や金銭を大切にする」「身の回りを整える」「わがままをしない」「規則正しい生活をする」という複数の道徳的価値が含まれており、1単位時間で学習する道徳的価値はこの中の一つと限定してしまうと、指導が大変狭い範囲になってしまうことが考えられます。しかし、その分、より深く考えられるとも言えます。

また、発達の段階が上がれば上がるほど、1単位時間の主題は、ねらいとする道徳的価値ばかりでなく、関連する別の内容項目や道徳的価値にも関わってくることが考えられます。特に、中学校の場合には、使用する教材にも複数の内容項目に関わる道徳的価値が内在していることが多いことから、一つの主題のみに終始するような授業が自然ではない状況が生まれることがあります。

そこで、はじめから複数の内容項目にまたがる主題を設定して授業を行うのはどうなのかと考えてみると、それもなかなか難しいと思われます。例えば、年間指導計画に、1単位時間に複数の内容項目を設定して位置付けたとします。果たして、その授業でどこまで道徳的諸価値の

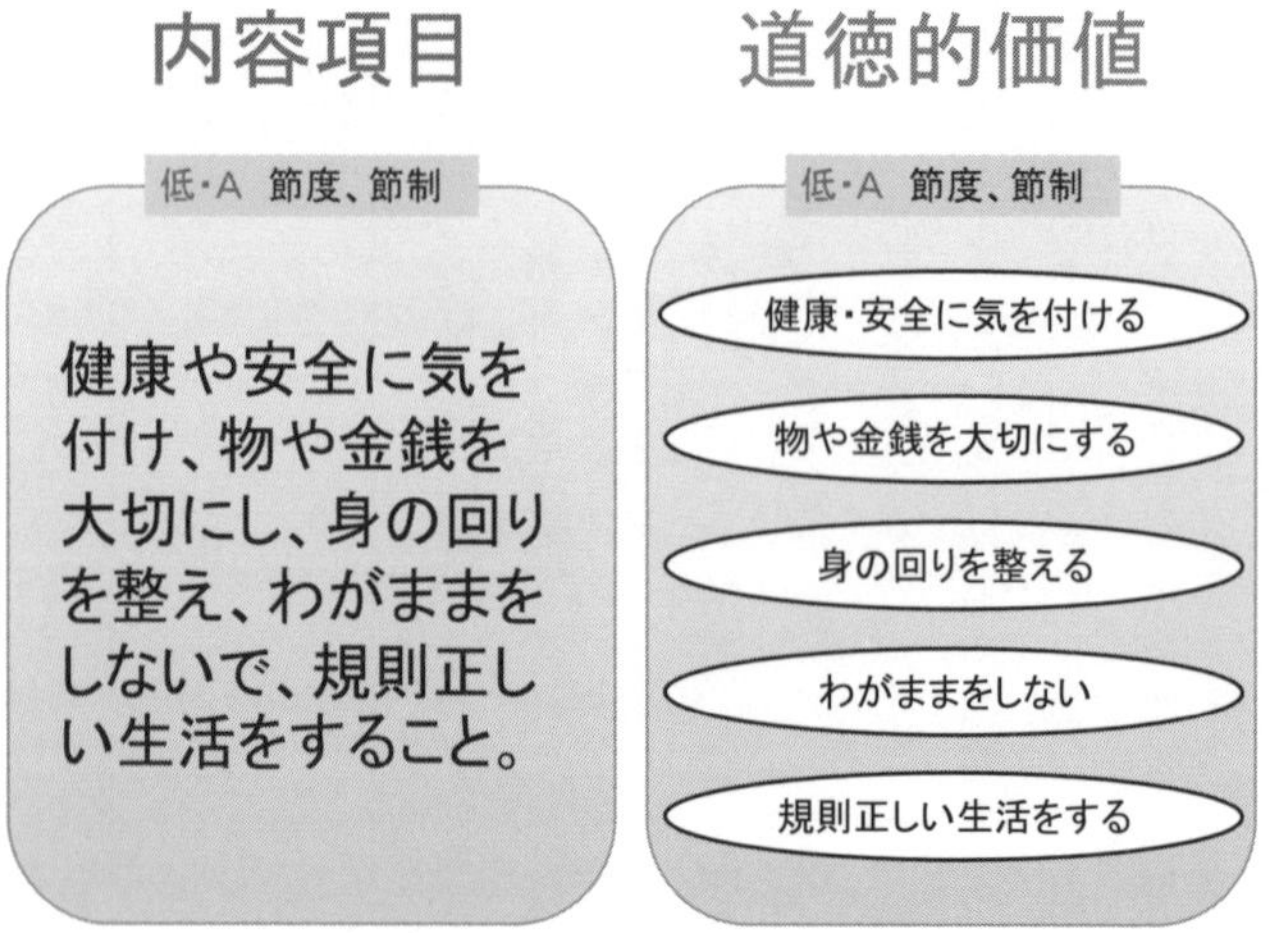

内容項目	道徳的価値
低・A　節度、節制	低・A　節度、節制
健康や安全に気を付け、物や金銭を大切にし、身の回りを整え、わがままをしないで、規則正しい生活をすること。	健康・安全に気を付ける 物や金銭を大切にする 身の回りを整える わがままをしない 規則正しい生活をする

理解に基づいた深い学びができ、それらの道徳的諸価値に関わる諸様相が育てられるでしょうか。複数の道徳的価値が対立する状況を意図的につくり、賛成や反対などを活発に討論させるような授業も考えられますが、これでは話し合うことが目的のような「活動あって、学びなし」の授業になってしまうかもしれません。道徳科の授業であれば、道徳的価値の意義についてしっかりと考えを深めていきたいところです。このような深い学びのある授業にするためには、やはり、一つの内容項目を手掛かりとしながら主題を設定し、1単位時間で取り扱う方が一般的と考えるのが妥当かと思います。

キーワード⑦「道徳的価値の理解」

道徳的価値については、これまでに説明してきた通り、よりよく生きるために必要とされるものであり、人間としての在り方や生き方の礎となるものです。道徳科では、ねらいとする道徳的価値の「理解」が欠くことのできない大切な学びとなります。では、この道徳的価値を理解するとはどのようなことなのでしょうか。例えば、「礼儀」は挨拶をすること、「生命の尊さ」は生命を大切にすること、このような知的な理解にとどまるものではありません。

「道徳的価値の理解」とは、次の三つの理解が必要になります。

- ・価値理解：人間としてよりよく生きる上で、道徳的価値は大切なことであるということの理解
- ・人間理解：道徳的価値は大切であっても、なかなか実現することができないことの理解
- ・他者理解：道徳的価値を実現したり、実現できなかったりする場合の感じ方、考え方は多様であるということを前提とした理解

※小学校学習指導要領解説　特別の教科　道徳編　18ページ参照
※中学校学習指導要領解説　特別の教科　道徳編　15ページ関連

この三つの理解があって、はじめて道徳的価値の理解と言います。単に道徳的価値のよさを教えるということではなく、道徳的価値のよさは分かっていてもなかなか実現するこ

とは難しいという人間の弱さなども理解することが必要です。また、人によっては道徳的価値を簡単に実現できたり、なかなか実現できなかったりする場合もあり、そのときにどのようなことを感じたり、考えたりしているのか人によって異なるからこそ他者を理解することはとても大切になります。

このような道徳的価値の三つの理解があって、はじめて自己をしっかりと見つめ、自己の生き方についての考えを深めていけるようになります。このことを「自己理解」と言っています。

キーワード⑧「道徳的価値の自覚」

また、「道徳的価値の自覚」という言葉もあります。これは、先程説明した道徳的価値の理解を基に、自己を見つめ、物事を多面的・多角的に、つまり、自分との関わりで自分の体験を想起しながら、一つの見方だけではなく、複数の面をもっている道徳的価値を様々な角度から考察して理解を深めていくという過程を示すものです。道徳科の授業ではなくてはならない重要な学習過程ということが言えます。解説には、道徳的価値の自覚については次のように示されています。

道徳科の指導の目指すものは、個々の道徳的行為や日常生活の問題処理に終わるものではなく、児童（生徒）自らが時と場に応じて望ましい（道徳的な）行動がとれるような内面的資質を高めることにある。つまり、道徳科は、道徳的価値についての単なる知的理解に終始したり、行為の仕方そのものを指導したりする時間ではなく、ねらいとする道徳的価値について児童（生徒）自身がどのように捉え、どのような葛藤があるのか、また（道徳的）価値を実現することにどのような意味を見いだすことができるのかなど、道徳的価値を自分（自己）との関わりにおいて捉える時間である。したがって、児童（生徒）が道徳的価値を（内面的に）自覚できるよう指導方法の工夫に努めなければならない。

※小学校学習指導要領解説　特別の教科　道徳編　78～79ページ参照
※中学校学習指導要領解説　特別の教科　道徳編　76～77ページ参照

迷ったら原点に戻る

さて、ここまで第2章では、道徳科の基礎知識ということで、八つのキーワードについて解説を提示しながら説明してきました。道徳科の授業の姿が見えてきたでしょうか。この章の最初に八つのキーワードを使って一文で示した道徳科の授業の説明をもう一度読んでみてください。いかがでしょう。最初に読んだときよりは理解できるようになりましたか。ここで改めて、解説に示されている道徳科の目標をご覧ください。

この道徳科の目標を理解することが本質を外さない道徳科の授業の成功のカギとなります。授業を構想するにあたり、何か迷ったり、行き詰まったりしたときには、必ず道徳科の目標を確認していただきたいと思います。道徳科の授業の本質を外さない、子供たちの道徳性を養うために道徳性の諸様相を育てる授業を行うことが基本中の基本です。

「養う」と「育てる」の違い

この章で紹介した道徳科の目標をご覧いただくと、「養う」と「育てる」という言葉が混在していることに気付いた方がいらっしゃるのではないでしょうか。

> 第1章総則の第1の2の⑵に示す道徳教育の目標に基づき、よりよく生きるための基盤となる道徳性を養うため、道徳的諸価値についての理解を基に、自己を見つめ、物事を（広い視野から）多面的・多角的に考え、自己の（人間としての）生き方についての考えを深める学習を通して、道徳的な判断力、心情、実践意欲と態度を育てる。
>
> （※傍線は筆者）

また、教育基本法（教育の目標）第2条には次のような表記が見られます。

教育は、その目的を実現するため、学問の自由を尊重しつつ、次に掲げる目標を達成するよう行われるものとする。
一　幅広い知識と教養を身に付け、真理を求める態度を養い、豊かな情操と道徳心を培うとともに、健やかな身体を養うこと。（※以下省略、傍線は筆者）

今度は「培う」という言葉も出てきました。これらの言葉はどのように使い分けているのでしょうか？
辞書等で調べてみると諸説あるようですが、一般的に人を対象とした場合には次のような違いがあります。

「養う」は、生活の面倒をみる
「培う」は、資質や能力を伸ばす
「育てる」は「育む」であり、親が子に愛情を注いで育てる例えば、みなさんも道徳科の授業のねらいを表記するときに、心情を「育てる?」、態度を「養う?」などと迷った方もいるのではないでしょうか。

この道徳科の目標の場合、道徳性を「養う」という言葉は、道徳科の授業だけでなく、全ての教育活動を通じて育てるという意味と、子供自らが自分を育てていくという意味を込めて使っています。それに対して、道徳的な判断力、心情、実践意欲と態度を「育てる」という言葉は、内面的資質である道徳性の様相を育てるのが道徳科の特質であることを理解した教師が子供を育てる、つまり「教師が」という主語を強調しているのです。

とは言っても実際にはそこまで意図をもたずに使われている現状があります。実は、この本の中でもなかなかはっきりと使い分けられずに、そのときのイメージで使っている言葉があります。

「授業者」は、授業をする者。「教師」は、自らの個性をもち子供の実態をよく知る者。「体験」は、行動したことや起きた出来事。「経験」は、体験したことで感じたり考えたりして知識や技能が身に付くもの。

このような違いを感じながら読み進めていただけたら幸いです。

第 3 章

道徳科の落とし穴

第２章では、道徳科の目標を理解するために、その基礎知識となる言葉の意味について説明してきました。この目標を理解して授業を行うことが大切なことは言うまでもありません。しかし、それでも道徳科の本質を外してしまうことが少なくないのです。

そこで、第３章では「道徳科の落とし穴」と題して、実際にどのような落とし穴に陥りやすいのかをみなさんと一緒に考え、授業の質の向上を図っていきたいと思います。

読み取り道徳

道徳科では教材を活用して授業が行われます。教材の多くは教科書に掲載されているような読み物が一般的ですが、その他、映像なども活用されているところです。どのような教材においても、そのお話に登場する人物（動物や植物なども含む）がいて、登場人物の言動に伴う気持ちや考えを場面ごとに追いながら、ねらいとする道徳的価値について広く深く考えていく指導が行われています。だからこそ、道徳科の授業とは「教材の登場人物の気持ちを考えること」と捉えられがちです。実はここに道徳科の授業の落とし穴があるのです。

教材の登場人物の気持ちを考える

道徳科とは、子供たちが自己の生き方についての考えを深めていくものでなくてはなりません。登場人物の気持ちを読み取るような学習は国語科の授業でも行っており、そこから著者の作品に込められた思いを感じ取ることもしています。しかし、道徳科では、他人事ではなく自分事として考えなくてはなりません。登場人物の気持ちばかりを考えていると、子供たちが自分との関わりで考えることから離れていってしまうことがあります。道徳科の学習指導案の指導上の留意点に「主人公の気持ちに共感する」という言葉が表記されているのをよく見かけますが、本当に主人公の気持ちを考えることが自分との関わりで考えることになるのでしょうか。全く関わっていないとは言えません。なぜなら、登場人物の気持ちは、子供たち自身がその状況に共感できるからこそ、感じたり、考えられたりするのだと思うからです。

例えば、文部科学省『わたしたちの道徳　小学校一・二年』に掲載されている教材『お月さまとコロ』で「お母さんに叱られたコロは、どんな気持ちでしょうか」という発問をしました。このとき子供たちは、自分が親に叱られたときはどんな気持ちになったかな、と自分の体験を想起すると考えられます。子供たちは「ごめんなさい」「もうしません」「ゆるして」などとつぶやくことでしょう。しかし、このお話には「お母さんにしかられて、ふくれていたコロは知らん顔です」と表記されています。教師も「お母さんに叱られてふくれているコロはどんな気持ちでしょうか」と発問します。子供たちはどのような反応を示すでしょうか。とたんに「いちいちうるさいな」「ぼくのことをわかってくれない」という気持ちがわき上がってくることでしょう。

お分かりでしょうか。発問に「ふくれている」という言葉を入れただけで、子供たちは自分の体験を想起する以上に、その言葉の情報から推測される主人公の反応を読み取って感じたり、考えたりするのです。文章中のキーワードを使った結果、自分との関わりで考えることを妨げてしまうことがあるのです。

「登場人物の気持ちに共感する」という発問の意図は、本当に主人公の気持ちに共感させるものではありません。本来の意図は「主人公に共感して気持ちを考える」ということなのです。どちらも同じような表現ですが、この「主人公に共感して気持ちを考える」ということをより正確に言うならば、「主人公が教材の中で立たされた条件や状況に共感して、授業を受けている子供自身がこれまでの同じような体験を想起して、感じたり、考えたりする」ということなのです。これが自分との関わりで考えるということです。ですから、お母さんにしかられたときには、自分ではごめんなさいと謝らなければいけないと思っていたけれど、コロのように素直に謝れないのはどんなときなんだろうと考えるのです。誰もが登場人物のように感じなさいというわけではありません。子供の感じ方や考え方は一人一人異なると思います。こうした多様な感じ方や考え方に触れることが道徳科ではとても大切なことになります。

自我関与とは

文部科学省『わたしたちの道徳　小学校一・二年』には『およげないりすさん』という教材があります。池の中に島があり、そこには、すべり台やブランコなどの遊具があるので、かめさんとあひるさんと白鳥さんが、その島へ行って遊ぼうと話をしています。そこへりすさんがやってきました。りすさんが「ぼくもいっしょにつれていってね」と言うと、三匹は「りすさんは、およげないからだめ」と言って断ってしまいます。島に着いた三匹は、すべり台やブランコで遊びましたが、少しも楽しくありませんでした。今度は、りすさんをかめさんの背中に乗せて、みんなで島に行くことにしました。こんなお話です。
さて、早速、子供たちに、りすさんを置いて三匹で島に行って遊んでいるときの気持ちを聞いてみたいと思います。どのように発問すればよいでしょうか。

「島へ行っても少しも楽しくないかめやあひるや白鳥は、どんな気持ちでいるのでしょうか」

と発問したいところです。この発問は、登場人物の気持ちに共感させる発問でしょうか。それとも、登場人物に共感して気持ちを考える発問でしょうか。そうです。前者の登場人物の気持ちに共感させる発問です。「楽しくない」という言葉の情報が入っているので、おそらくこの発問をされた子供たちからも、「りすさんがいないとつまらない」「りすさんが心配で楽しくない」という反応が返ってくることが想像できます。
読者のみなさんはいかがでしょうか。この三匹と同じように楽しくないですか。例えば、友達四人で遊園地に遊びに行くことにしました。ところが、友達の一人が熱を出して遊園地に行くことができなくなりました。あなたを含めた三人は遊園地に行くでしょうか。行く、行かない、意見は分かれそうですね。三人は遊園地に行ったとします。さて、遊園地で遊んでいて楽しいですか、楽しくないですか。誰ですか、熱で休んでいる友達のことも忘れて思いっきり楽しんじゃうという人は。でも、それが自分の体験を想起して感じたり、考えたりするということなのです。このときの感じ方や考え方は人それぞれです。決して「楽しくない」と強制されるものではありません。ですから、このときの発問は、「楽しくない」という言葉は入れずに「島へ行ったかめやあひるや白鳥は、どんな気持ちで遊んでいるのでしょうか」という「登場人物に共感して気持ちを考える」発問の方が自分との関わりで考えられると言えます。

もちろん、登場人物が教材の中で立たされたような条件や状況は、必ず誰にでも経験があるとは限りません。そのようなときには自分との関わりで考えることは難しいのではと言われれば、確かにそうです。それこそ今度は、登場人物の気持ちに共感することが必要になります。ただしそのときには、その登場人物に自分を重ねて、自分もこんな状況に置かれたらどんな気持ちになるのかなと、他人事ではなく自分事として考えることが重要です。いずれにしても、このように、ある事柄を自分のもの、あるいは自分に関係があるものとして考える、このことを「自我関与」と言います。

なぜ教材を活用するのか

こんなまぎらわしいことになるのであれば、はじめから読み物教材などは活用せず、日常生活を取り上げて話し合っていけばよいではないかと思うかもしれません。そうすれば、日常に自分事として考えられそうですね。

では、読み物等の教材はなぜ活用するのでしょうか。複数の子供がいれば、ねらいとする道徳的価値に関わる子供たちの体験も様々です。それら複数の体験で感じたり、考えたりしたことは、さらに多岐にわたっていくと思われます。条件や状況が異なれば、これらを授業時間内で取り上げることは非常に困難です。学習して考えが広がったとしてもなかなか深まらないかもしれません。

そこで、共通の素材を教材として活用し、ある一定の条件や状況の下で、みんなでそのときの気持ちや考えを伝え合いながら話し合い、最後には、友達の気持ちや考えを参考にしながら、一人一人の子供たちが自己の生き方についての考えを深められるようにしていくのです。要するに効率よく学習することも考えて教材を活用していると言えます。

また、教材を活用すれば、内容項目に関わりのある経験のあるなしにかかわらず、みんなが話合いに参加しやすくなるのは確かなことです。小・中学校の子供たちに聞いてみると、道徳科の授業では教材を読むのが楽しいと回答する子供が少なくありません。

教材の登場人物を活用した発問の意図

文部科学省『私たちの道徳　中学校』には『二通の手紙』という教材があります。動物園で働く元さんは、入園時刻や保護者同伴などの動物園の規則を知りながら、弟の誕生日にお金をもってやってきた姉弟の入園を許可してしまいます。その後、姉弟を探す騒ぎとなりましたが、無事に見つけることができました。姉弟の母親からは感謝の手紙が届くものの、動物園側からは懲戒処分を受けるという内容です。

「元さんは、どんな気持ちでお姉さんや弟を動物園に入れてあげたのでしょうか」

これは、その授業での発問の一例です。

では、この発問の意図は何でしょうか、考えてみてください。「元さんが姉弟を入園させた気持ちに共感する」ということでしょうか。これでは元さんの気持ちを考えることになります。おそらく、「せっかくお姉さんが弟のことを思って来てくれたのだから入れてあげよう」「かわいそうだから入園させてあげよう」などの発言を意図しているものと考えられます。このような発言は元さんの気持ちに共感できていたとしても、自分の気持ちは重なっていないかもしれません。自分との関わりで考える発問の意図は、元さんの気持ちを考えることではなく、

「あなたが例外を認めようとするときの気持ちや考えを想起する」

ということです。自分が例外を認めるときってどんなときだろう。そのとき、自分は何を優先して考えるだろう。相手のこと、自分をよく見せる、一度くらいは、誰も見ていなければ、などと考えると思います。これが自我関与です。

実際に子供に投げかける発問の言葉は同じでも、教師がこのような意図をもって発問し、

子供たちが気持ちや考えを表現すれば、もしかすると、その発言する子供によっては、自分の体験から発言しているな、とか、自分とは関わりなく主人公の気持ちを発言しているな、などと気付くことでしょう。自分事ではなく他人事で発言しているように思えた子供には、「こういう気持ちって分かる？」「〇〇さんにもこのような体験はありましたか？」などと問い返すこともできます。

さて、ここまで「読み取り道徳」と言われる道徳科の授業について考えてきました。道徳科ではこのような課題が指摘されていることから、「自我関与」という言葉を用いて自分との関わりで考えられる指導への改善を図ろうとしています。みなさんも落とし穴に落ちないように、意識をもって授業をしてほしいと思います。

押し付け道徳

教師という職業柄、どうしても答えを示さないと気がすまない、最後に答えを教えないのは教師として無責任ではないか、と感じている方も少なくないと思います。確かに多くの教科等では、教科書を使用しながら、必要な知識や技能をしっかり教えたり、身に付けさせたりしています。道徳科の場合、このような教師としての使命感や責任感が授業の落とし穴になることがあるのです。

価値観の押し付け

道徳科ではよく「価値を押し付けてはいけない」と言われますが、正確に言うと「授業者である教師の特定の価値観を子供に押し付けてはいけない」ということになります。第1章「道徳科の本質」でも触れたように、一人一人の価値観は育ってきた環境によって形成されていくものなので、ある価値に対する好き嫌いは人によって異なるものです。しかし、好き嫌いだけで物事を判断してしまうと、悪いことでも平気でやってしまうのは大きな問題ですから、善悪という縦軸と好き嫌いという横軸をあわせて考えるところに一人一人の価値観が形成されていきます。そもそも道徳とは、法律のような外面的強制力を伴うものではなく、個人の内面的な原理であるように、自分の心の中で何がよいことで何がいけないことなのかを考えることです。その結果として、他者からも認められ、自分が納得するようなよりよい生き方の答えを見つけていくことが重要です。ですから、授業者である教師自身がこれまでの様々な経験により築いてきた特定の価値観を唯一の正解のように子供たちに「教え込む」「押し付ける」ということは、道徳科ではふさわしい指導ではないということになります。

授業者が行うこと

文部科学省『わたしたちの道徳　小学校三・四年』には『心と心のあく手』という教材があります。主人公の「ぼく」は、学校から帰る途中で、重そうな荷物を持ったおばあさんに出会います。「ぼく」は、おばあさんに「荷物、持ちます」と声をかけますが、おばあさんにその好意を断られてしまいます。帰ってからその話をお母さんにすると、おばあさんは歩く練習をしていてようやく回復してきたことを知ります。数日後、また、そのおばあさんに出会った「ぼく」は、声をかけようかどうか考えましたが、そっと後ろをついて歩いて見守ることにしました、というお話です。

そこで教師が、困っている人がいたら親切にしましょうと指導することは決していけないことではありません。

では、道徳科の授業ではどのような指導が不適切と言えるのでしょうか。この教材を活用する授業では［親切、思いやり］という内容項目について考えることが一般的です。教師は、この教材の特徴を生かしながら授業を行い、最後に「これからは相手の様子をよく確かめて見守ることを大切にしていきましょう」と子供たちに伝えて授業を終えたとします。この教師の発言はいかがでしょうか。これは価値観を押し付けていると言えます。なぜなら、親切や思いやりが行為として表れるのは「見守る」だけとは限らないからです。確かにこの教材のよさを生かすなら、子供たちに見守るという親切の形があることに気付かせるような授業をするでしょう。しかし、困っている人がいたら積極的に声をかける行為もいけないことではありません。この授業で大切なのは、自分の都合だけで親切にするのではなく、相手のことを考えることであり、そのときの道徳的な判断力、心情、実践意欲と態度について考え、最後には、子供一人一人が自分にとって大切にしたい親切や思いやりの心を見つめ直し、これからの生き方に生かしていけるようにするということです。確かにこの教材では、子供たちの実態から「見守る」という親切の形もあることに気付くことができる指導をすることが考えられますが、「見守る」ことから「相手のことを思いやる」とはどういうことなのかを深く考えることが重要になります。これからは見守りましょう、ということではないのです。

「読み取り道徳」でも例に挙げた『二通の手紙』で価値観の押し付けを考えてみましょ

う。この教材を活用する授業では［遵法精神、公徳心］という内容項目について考えることが一般的に行われます。この教材では、規則を守るべきところを、相手のことを考える思いやりから例外を認めたくなる、そのような状況を描いています。しかし、特定の人のみへの思いから規則を守らないようなことが頻繁に起きてしまったら、規則の意味を為さなくなってしまいます。授業では、このような相手の気持ちを察した［思いやり、感謝］という内容項目に含まれる道徳的価値と［遵法精神、公徳心］の内容項目に含まれる道徳的価値の対立が生じる話合いが行われます。そこで教師が、ねらいに迫っていくために、授業の終末で「どんなことがあっても例外を認めずに規則を守りましょう」と子供に発言したらどうでしょう。確かにねらいに迫っていると言えますが、これから子供たちが生きていく中で、全てがそのような対応でうまくいくものなのでしょうか。では反対に、「どんなときでも相手のことをよく考えて、時には例外を認めることも必要です」と発言したらどうでしょう。これでは［遵法精神、公徳心］を手掛かりとした授業のねらいからはますます遠ざかってしまいます。例外を認めることを指導することで世の中はうまく回らなくなると思われます。これらは教師の価値観の押し付けです。

このように考えると、道徳科ではどのように指導すればよいか、ますます不安になってきたのではないでしょうか。

道徳科の授業で教師は「きまりを守りなさい」とか「例外を認めなさい」とか言う必要はないのです。法やきまりの必要性、みんなの幸せ、みんなの気持ちのよい生活などについて子供自身が考え、その中で一人一人の子供が自分の中で答えを見つけていけるようにすることが大切です。何か教師として答えを示すということではなく、授業のねらいに向かって考えられるように発問などの指導方法を工夫することの方が重要です。つまり、価値観は押し付けない、しかし、ねらいとする道徳的価値について広く、深く考えられるような場をしっかりと提供するということです。

教師が教えられること

ここで改めて、道徳科で授業者である教師が教えられること、教えられないことは何なのかを考えてみたいと思います。教えられることは、道徳科の内容項目に含まれる一つ一つの道徳的価値のよさや難しさの中でも、ある意味では一般的に認知されているものと言えます。例えば、嘘をつくことはいけない、人には親切にするとよい、きまりは守る、命を大切にするということです。しかし、その道徳的価値は様々な側面をもっており、状況によって様々な形で表れてくるものです。ですから様々な角度から捉えて考察していかなければ自分にとってその道徳的価値の本当のよさをつき止めることはできません。このことを「多面的・多角的に考える」と言い、道徳科の目標の中にも学習活動として示されています。つまり、その道徳的価値のよさは個人で受け止めるものであるからこそ教えることはできません。道徳的価値のよさについて、一般的に認知されているものは教えられたとしても、押し付けることはできません。この道徳的価値のよさの感じ方や考え方を道徳的価値観と言うこともできます。道徳的価値を広く深く理解できて、はじめて、そのような価値は好きか嫌いかが自分の中で感じられるものになります。

道徳科の授業では、ねらいとする道徳的価値について考える授業を行いますが、子供たちがこれまでの様々な経験を通して築き上げてきた道徳的価値観を尊重せずに、特定の価値を絶対的なものとして指導したり、本来、実感を伴って理解すべき道徳的価値のよさや大切さを観念的に理解させたりするような指導は避けなければなりません。

あいまい道徳

> 授業者の特定の価値観の押し付けはいけないという理解から、道徳科の授業では一人一人の子供の考えを尊重し、自由に考えさせるという指導がありますが、このような考えが授業の落とし穴になることがあるのです。

指導の意図をもつ

「押し付け道徳」のところで述べた通り、価値観の押し付けは適切ではありません。ですから、子供が考えたことを尊重していきますが、子供たちの考えをただ頷きながら聞いているだけでは、ねらいとする道徳的価値について深く考えることはできません。授業では主題やねらいをしっかりと設定する必要があります。反対に、主題やねらいを設定していても、ただ子供の考えを自由に語らせるだけでは、主題やねらいに迫って話し合うことはできません。授業者の特定の価値観の押し付けはしませんが、授業者として指導の明確な意図はもたなくてはならないということです。

この指導の明確な意図とは、指導の方向性であり、子供の実態からゴールを見据えて授業を行うということです。もちろんそのゴールとは、一つの答えにまとめるということではありません。子供一人一人がねらいとする道徳的価値について自己の生き方を考えるというゴールです。本時の授業では、どのようなことを考えさせ、どのようなことに気付かせたいのか、理解させたいのかということであり、これは価値観の押し付けとは異なります。授業者にとって必要不可欠な指導の意図です。

大劇場のステージと男の子のどちらを選ぶのか？

小・中学校の教科書に掲載されている『手品師』という教材があります。主人公の手品師は、腕はいいのですがあまり売れず、その日のパンを買うのもやっとというありさまでした。しかし、大劇場のステージに立つことを夢見て、日々練習に励んでいます。ある日、手品師はひとりぼっちの男の子に出会います。手品師は、寂しそうにしている男の子に手品を見せて喜ばせてあげました。そして、明日も来ることを男の子と約束するのです。するとその晩、手品師の友人から、明日のステージに穴があき、大劇場への誘いの連絡が入るのです。手品師は迷いに迷いました。しかし、友人からの誘いを断るのです。翌日、手品師は、一人の男の子の前で手品を演じるというお話です。

この教材を活用する授業では［正直、誠実］という内容項目について考えることが一般的に行われます。授業では、大劇場のステージに立つか、それとも、男の子との約束を守るかということで意見を交流します。この授業で教師が「男の子との約束を守りなさい」「大劇場のステージに立つことはよいこととは言えません」と指導してしまったら、これは価値観の押し付けと言わざるを得ません。では、どちらでもいいですよという指導はどうでしょうか。これでは主題やねらいに迫ることも難しくなります。この授業では「誠実に、明るい心で生活すること」について考えることが重要なのです。

そこで必要なのが、授業者としての指導の意図になります。［正直、誠実］という内容項目に含まれる「誠実」という道徳的価値について広く深く考えるということです。手品師は友人からの誘いを断って男の子との約束を守る。この場面を使って「誠実」について考えることができますし、男の子との約束を守るだけでなく、大劇場のステージに立とうと努力する姿や夢を叶えようとする姿もあわせて「誠実」について考えることもできます。大劇場のステージと男の子のどちらを選ぶのか、このときに様々なことを踏まえて真剣に考えます。ここに人としての誠実さが表れてくるものです。このように授業者が意図をもって指導を行わないと授業の主題やねらいに迫っていくことはできません。こうした指導の意図をもつことは、前述した「押し付け道徳」とは次元の違うとても重要なことなのです。

姉弟を動物園に入園させるのか？

「読み取り道徳」「押し付け道徳」でも例に挙げた『二通の手紙』で「あいまい道徳」を考えてみましょう。元さんが姉弟を入園させたような思いやりは大切にしたい、やはりみんなのことを考えたら規則は守らなくてはならない、この授業ではこのような両者の意見が出されるものです。そこで教師が、自分の価値観を押し付けずに、「そうですね、どちらも大切なことですね」と受け止めることが必要です。しかし、これで授業を終えてしまったら、これは「あいまい道徳」です。この授業では［遵法精神、公徳心］を手掛かりとして考え、道徳性の諸様相（道徳的な判断力、心情、実践意欲と態度）を育てるというねらいがあるはずです。

だからこそ、そのような両者の意見に分かれたとしても主題やねらいに迫っていく必要があります。この授業では、規則を守ることよりも姉弟のことを考えてあげたいという思いが出されます。その思いは否定できるものではありません。このような思いはその子供の優しさとして受け止め、その子供にとってまだ十分に理解できていないと考えられる規則を守ることの意義についてしっかり考えることが、この授業のねらいであるはずです。ですから、例えば、「規則は何のためにあるのか」「規則にはどんな人への思いが込められているのか」など、ねらいに向けて考えていくことが必要です。このような指導も「押し付け道徳」とは異なる授業者の大切な指導の意図になります。授業者に指導の意図があれば、子供たちにも新たな気付きが生まれる授業になります。

決意表明道徳

道徳教育で養う道徳性の様相の一つである道徳的態度とは、道徳的判断力や道徳的心情、これらを基盤とした道徳的実践意欲に裏付けられた具体的な道徳的行為への身構えです。この道徳的態度を含め、道徳性を構成する諸様相は全てが内面的資質なのですが、この「態度」という言葉のイメージから「道徳的行為そのもの」と捉えてしまうことがあり、このような誤った理解が授業の落とし穴になることがあるのです。

道徳的行為の具体的な指導

全教育活動を通じて行う道徳教育での指導や道徳科の授業を通して、最終的には道徳的行為を実践できる子供を育成したいと望んでいると思います。こうしたゴールを見据えて指導をすることは大切ですし、義務教育段階での特に低学年や中学年の子供たちには、正しい行いを実践できるように、具体的にその所作などを指導することは必要なことです。例えば道徳科の［礼儀］の授業で、子供たちに、「これからは、おうちを出るときに大きな声で『行ってきます』と挨拶をします」とか、［勤労、公共の精神］の授業で子供たちに「お掃除の時間はふざけずにしっかり掃除をします」などと決意表明をさせることが道徳的態度を育てる道徳科の授業という捉え方をしてしまうことがあります。

教師が自分の価値観を子供たちに押し付けるような指導のことをいわゆる「押し付け道徳」と名付けているように、教師が子供たちに行為を求める指導のことを「決意表明道徳」と名付けてみました。内面的資質である道徳性を養うことが道徳科の目標であることを再確認し、「これからはどうしますか」という指導ではなく、「これからはどのようなことを大切にしていきたいですか」という子供が自分自身の心にしっかりと向き合う指導を行うことが道徳科の本質であることを忘れてはいけません。

また、道徳教育は、毎週行われる道徳科の授業が要であり、教師にしてみれば、全教育活動において道徳教育に関わる内容の指導をしようとする意識はあまりもてず、道徳科の授業の方が確実に指導をしているという実感があるものです。すると、何としても道徳科の授業でしっかり指導をすることで、子供たちが道徳的行為を実践できるようになってほしいという思いが高まります。このことが、決意表明をさせるような授業に陥りやすくなる要因として考えられることです。

生徒指導と道徳教育

例えば、誰もがよく知っている「生徒指導」という言葉があります。これは「学習指導」という言葉と並列する教育機能であり、生徒指導自体は教育課程に位置付けられている教科等ではありません。生徒指導では、「これからはこうしなさい」「だめなものはだめなのです」と理屈抜きに行為に直接働きかけるような指導をすることがあります。このような指導も義務教育段階の子供たちのためには必要なことですし、こうした指導も子供たちのよりよく生きるための基盤となる道徳性を養うことにつながることから、一つの道徳教育の形であることは間違いありません。しかし、道徳科の授業ではこのような指導は適切ではないということです。道徳的実践の場面での指導と道徳科の授業での指導をうまく関連付けて、子供たちの道徳性を着実に養うことが大切です。

指導方法の工夫として、道徳科の授業で気持ちを問う前に、一度、行為を考えてからそのときの気持ちを考えた方が子供たちにとって分かりやすい場合もあります。

小学校の教科書に掲載されている『かぼちゃのつる』という教材があります。かぼちゃは、ミツバチやチョウチョの言うことも聞かずに、自分勝手につるを伸ばしていきます。スイカ畑にまで伸ばしたり、道路にまで伸ばしたりしていくので、ついには、トラックにひかれてつるを切られてしまうというお話です。この教材を活用する授業では「節度、節制」という内容項目について考えることが一般的に行われます。授業では、かぼちゃの立場で子供たちに考えさせるなどもしますが、最後には、子供の方から「これからは人の注意をよく聞きます」「人の迷惑にならないようにします」というふうに行為を語ることも少なくありません。これは、決意表明的な発言ではあるのですが、子供たちは行為を語る方が表現しやすいからだと考えられます。そこで教師は、それで終わらせるのではなく、「それはどうしてですか?」と理由を問い返したり、「そうするとどんな気持ちになりますか?」と気持ちを問い返したりしながら、行為そのものよりも道徳的判断力や道徳的心情などの様相を確認できるようにしていきます。

「これからはどうしますか?」という教師の問いかけは決意表明につながるので道徳科の指導としてふさわしいとは言えませんが、子供たちの方から「これからは~します」という発言があったときには、その意欲の高まりを認めた上で、「それはどんなことを大切にしたいと思っているのかな?」と問い返すと、道徳科の本質を外さない授業に戻ることができます。決意表明が出たからといって焦る必要はありません。

さて、第3章では「道徳科の落とし穴」ということで四つの課題を紹介しました。改めて私自身がこれまで行ってきた授業を振り返ってみると、この四つのケースに陥ってしまったことが思い出されます。理解しているつもりでも、そのときの子供たちとのリアルなやり取りから陥ってしまうこの落とし穴。なかなか手強いものですが、自らの授業を振り返る評価をしっかり行い、次の授業への改善につなげてほしいと思います。

授業は誰の自己表現の場なのか？

私は学級担任の頃はもちろんのこと、指導主事、教頭や校長、現職である調査官と立場がかわってもできる限り道徳科の授業をやらせていただいております。また、全国の先生方の熱心な授業を参観させていただくと大きな刺激を受け、「自分も負けてはいられない、自分だったらあそこをもう少しこうするな」などと考え、それをどこかで試したくなることが、今の立場でも子供の前に立ち道徳科の授業をしている一つの要因となっています。

こうして道徳教育に関わり、道徳科の授業のことを知れば知るほど、何かすごいことをしようと思うことがあります。それは、教師としての指導力を誰かに認められたいと思うからです。だからこそ、道徳科の様々な指導方法を学び、技術を磨いています。これは教師としてとても大切な姿勢です。しかし、このような熱い思いが授業の落とし穴になることがあるのです。

私たちは勘違いをしてしまうことがあります。道徳科を学ぶ教師は、そもそも子供たちが道徳性を養えるような授業をするために研究と修養に努めてきたはずなのに、自分が身に付けた技術を授業でどうしても使いたくなってしまうのです。授業が子供のためではなく、教師の自己表現になっているということです。

これまでの自分への戒めとして言うならば、授業は教師の自己表現の場ではなく、子供たちがどのように学べば道徳性が養われるのかを追求することにもっと目を向けなければなりません。授業は教師主導ではありますが、教師主体ではありません。子供主体の授業を心掛け、子供を生かすために「何ができるのか」。あらゆる指導方法を駆使するばかりでなく、子供のよさを生かすならば「何をしないのか」、こうしたことを見極められる指導力をもつことが、プロとしての教師に求められているのではないでしょうか。

第 4 章
道徳科の授業構想グランドデザイン

第１章では道徳科の本質について考え、第２章では道徳科の基礎知識として解説を紐解き、第３章では陥りやすい道徳科の落とし穴について説明してきました。いかがでしょうか。道徳科の授業が目指すべきことが見えてきたでしょうか。いよいよ第４章では、道徳科の授業構想について考え、最終的には一人一人の先生方が、道徳科の本質に基づいた授業を自由な発想でデザインできるようになってほしいと願っております。

授業を「構想する」とは、授業を「つくる」と言い換えても構いません。これまで授業構想は何から始めていたでしょうか。例えば、授業前日の夜に、活用する教材を読むところから始める人もいれば、研究授業などの予定があれば、３か月くらい前に教材を選ぶところから始める人もいるでしょう。何から始めていくのかにも様々な方法やその根拠があると思われますが、この章では一般的な流れに沿って進めていきたいと思います。

年間指導計画を確認する

年間指導計画は、全ての内容項目に基づいた指導を行いながら、その学校の子供たちの実態に応じた道徳科の授業を行うための大切な指導計画です。

年間指導計画の役割

ここで改めて、道徳科の年間指導計画の役割について確認をしておきたいと思います。年間指導計画の大切な役割は、毎週の道徳科の授業を着実に行うためのものと言えます。

また、第2章「道徳科の基礎知識」の「道徳的価値」や「内容項目」の中でも触れたように、該当する学年段階で必ず全ての内容項目について年間で指導することとしているので、こうしたことを考慮して作成されている年間指導計画に則って授業を行うことで、全ての内容項目について漏れなく指導ができるということになります。

学校教育目標の具現化を図る

道徳科の年間指導計画は学校ごとに作成されるもので、その学校の教育理念や子供たちの実態、家庭や地域社会、教師の願いが込められているものと言えます。もう少し具体的に言えば、学校を経営する校長先生が最終的に決める学校教育目標の具現化を図り、学校として目指す子供像を設定します。この学校として全教育活動を通じてどのような子供を育てたいのかという総合的な方針が道徳教育の全体計画であり、その方針が年間指導計画にも反映されているということです。

例えば「笑顔で挨拶ができ、約束やきまりが守れる子」という子供像を設定したとします。小学校や中学校にある道徳科の内容項目を見ると、特に小・中学校共通の［礼儀］や、小学校では［規則の尊重］、中学校では［遵法精神、公徳心］が特に関わりのある内容項目であることに気が付きます。道徳科の年間授業時数は35時間以上（小学校第1学年のみ34時間以上）であり、内容項目数は小学校低学年が19、中学年が20、高学年が22、中学校も22です。年間授業時数からそれぞれの学年の内容項目数を引き算します。例えば、小学校高学年でしたら35－22＝13という数が出てきます。この13時間でどのような内容項目について指導するのかは各学校に任されているわけです。そこで、各学校で設

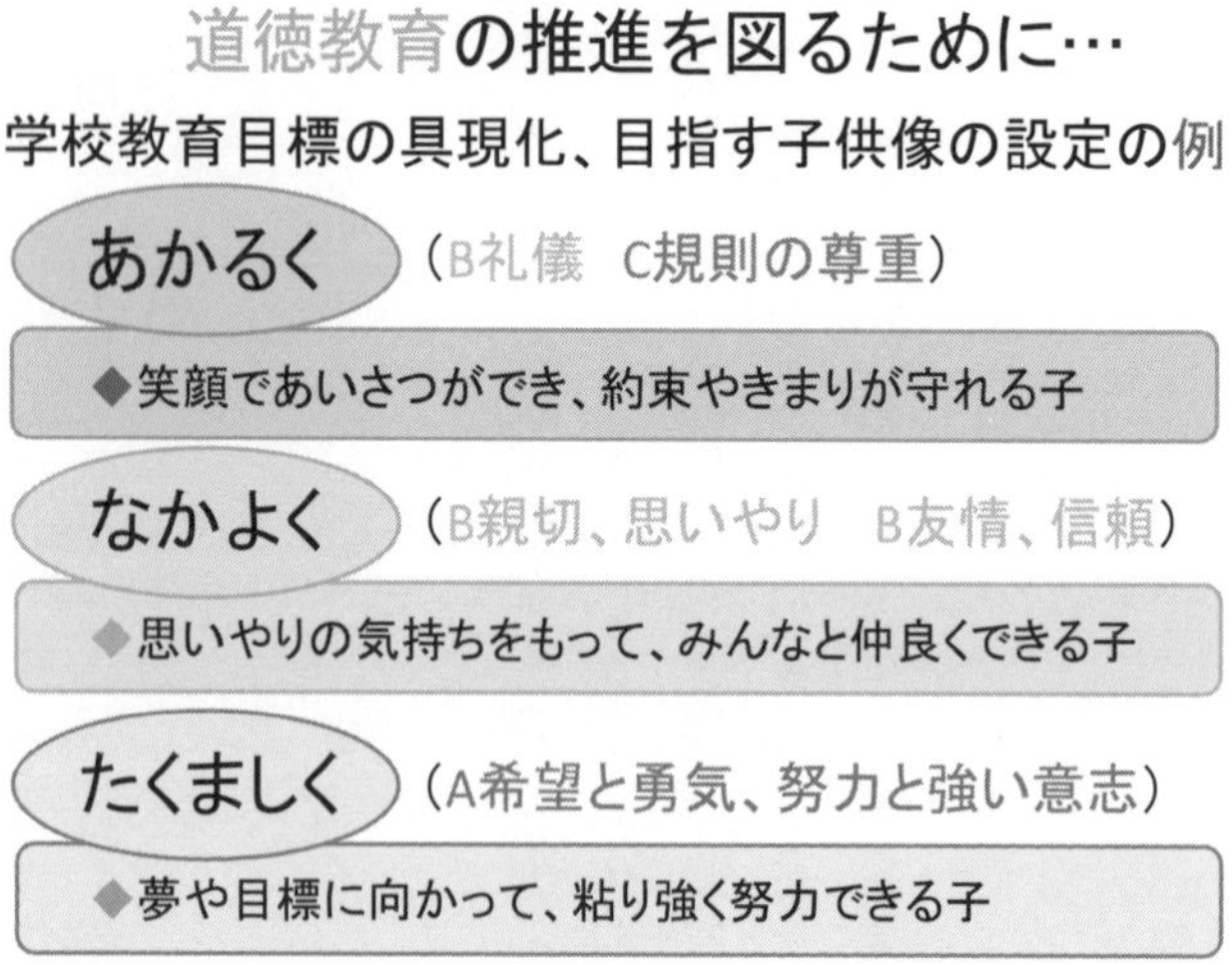

道徳教育の推進を図るために…

学校教育目標の具現化、目指す子供像の設定の例

あかるく（B礼儀　C規則の尊重）

◆笑顔であいさつができ、約束やきまりが守れる子

なかよく（B親切、思いやり　B友情、信頼）

◆思いやりの気持ちをもって、みんなと仲良くできる子

たくましく（A希望と勇気、努力と強い意志）

◆夢や目標に向かって、粘り強く努力できる子

定した目指す子供像を踏まえれば、［礼儀］や［規則の尊重］［遵法精神、公徳心］については、1年間で複数時間授業を行うことにしようとなるわけです。このことを年間指導計画の「配当時間数の工夫」と言います。また、その複数時間を年間でいつ行うか、例えば、1学期に集中的に行うこともできますし、学期ごとに分散して行うこともできます。このことを年間指導計画の「配列の工夫」と言います。

いずれにしても、1単位時間の道徳科の授業構想は、この年間指導計画で主題（ねらいと教材により決まるもの）を確認するところから始まります。

年間指導計画の内容項目の配当時間数の例

◆笑顔であいさつができ、約束やきまりが守れる子

重点内容項目（B礼儀　小C規則の尊重　中C遵法精神、公徳心）

視点	内容項目	小1	小2	小3	小4	小5	小6	中1	中2	中3	略
A	真理の探究 真理の探究、創造					1	1	1	1	1	
B	親切、思いやり	3	3	3	2	2	2	2	2	2	
	感謝	2	1	1	1	1	2				
	礼儀	3	3	2	2	2	3	3	2	3	
	友情、信頼	2	2	1	2	1	2	1	2	2	
	相互理解、寛容			1	2	2	2	2	1	1	
C	規則の尊重 遵法精神、公徳心	3	3	3	3	3	3	3	3	3	略
	合計	34	35	35	35	35	35	35	35	35	

指導の意図をもつ

道徳科の授業の主題やねらいを決めるのは、子供たちのことをよく知る教師（学級担任）です。

道徳性の諸様相を育てる道徳科

道徳科の目標は、ねらいとする道徳的価値を手掛かりとしながら道徳性を養うことです。この道徳性は、第2章「道徳科の基礎知識」の中でも説明した通り、道徳的判断力、道徳的心情、道徳的実践意欲、道徳的態度をその様相としています。1単位時間の授業では、これらの諸様相の中でも特に何を育てるのかを考えることが大切です。とは言っても、道徳科の授業のねらいでは、これらの様相から必ず一つに絞って授業をしなければならないと決められているものではありません。もともとこれらの道徳性を構成する諸様相とは、はっきりと切り離せるものではないので、時には1単位時間で複数を育てることをねらいとする場合も考えられます。大切なのは、その授業で子供たちに育てようとする道徳性の様相をしっかりと意識して指導することです。年間指導計画を見ればおそらく毎時間のねらいも示されており、ある授業では道徳的心情、ある授業では道徳的態度などと表記されていると思います。ですから授業では、計画に示されているそのねらいに従って授業を行っている先生方も多いと思いますし、あまり道徳性の様相までは意識しないで授業を行っていることも少なくないと思います。

では、一つの授業で育てようとする道徳性の様相は誰が決めるものなのでしょうか。それは、目の前の子供たちの実態を一番よく知っている学級担任の先生です。ですから、道徳科の授業は原則として学級担任が行うこととしています。

授業のねらいは誰が決めるのか？

道徳科のねらいは、道徳的価値と道徳性の様相を端的に示したものです。

例えば［規則の尊重］の授業で考えてみたいと思います。

［規則の尊重］、つまり端的に言えば「きまりを守ること」ということです。果たして目の前の子供たちは、きまりを守ることについてどのような実態があるのでしょうか。

おそらく、きまりを守ることは、道徳科の授業を行う以前にも、様々な教育活動の中で指導してきているものと思われます。

学級会では、学級のきまりをつくり、みんなで守って楽しい学級にしようという指導をしたり、交通安全教室では、生命の危険を伴うものなので、交通ルールをしっかり守りましょうという指導をしたりしています。

これらの指導の結果として、子供たちはあらゆる場面できまりが守れるようになっているかもしれません。しかし、一部の子供たちにはなかなか守れない様子が見られたり、指導から時間が経過すると守れなくなったりするようなことも大いに考えられます。

では、子供たちには、きまりに対して、どのような状況が見られるでしょうか。

①きまりは生活の自由を制限するもので、息苦しく感じている
②きまりの必要性が感じられず、きまりがあることになかなか気が付かない
③きまりを守れるようにはなっているが、守れるときと守れないときがある

このような様子は、子供の発達の段階や学級の雰囲気によって異なると思います。

①のような場合には、きまりを守ることについて肯定的に受け止められず、守ろうとする気持ちよりも守らされているという気持ちが勝っているとも考えられます。

②のような場合には、自己中心的な考えが先に立ち、なかなか周りの人のことまで考えられていないのかもしれません。視野が狭いとも言えます。

③のような場合には、人から言われたことに従っているだけで、なぜ、きまりは守ることが大切なのか、その意義を十分に理解できていない様子が感じ取れます。

これだけ子供の実態が異なるのに、道徳科の授業のねらいは年間指導計画に示されているねらいに任せて本当によいのでしょうか。やはり、子供の実態をよく知る教師がよく考

えることが大切です。

　例えば、きまりは生活の自由を制限するもので肯定的に受け止められていないような状況が見られれば、

「きまりを守ることでみんなが気持ちよく生活できるようになることに気付かせ、社会のきまりを守ろうとする心情を育てる」


というねらいがふさわしいかもしれません。

　つまり、授業では、確かにきまりを守るときは、少しがまんをしたり息苦しく感じたりする気持ちがわいてくるものなので、こうした気持ちを共有しながらも、視野を広げてみんなのことを考えたら、結果的には、みんなが気持ちよく生活することにつながるということを考えられるような授業になろうかと思います。

　また、周囲に目が向けられず、自己中心的な言動により、きまりが守られていないような状況があれば、

「きまりの意義を理解し、みんなのことや周り状況を考えて、きまりを守ろうとする判断力を育てる」

というねらいが考えられます。

この授業では、自分のことばかりではなく、辺りの状況や周りの人のことを考えれば、自分はどのようにするべきなのか、その根拠となる考えを深めていくような授業になろうかと思います。

このように、授業構想のスタートとして、年間指導計画を見て、授業で扱う教材と指導する内容項目を確認することのみにとどまらず、子供の実態をしっかりと把握することが重要です。こうして、「教材」「内容項目」さらに「子供の実態」を踏まえて授業者が「ねらい」を設定し、最終的には授業の「主題」を決める。これが「指導の意図をもつ」ということになります。

指導の意図

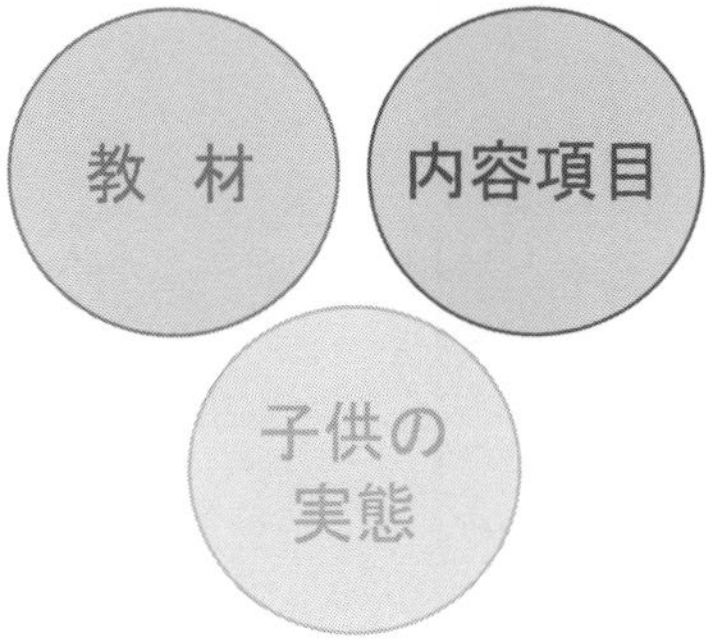

教　材
内容項目
子供の
実態

教材を活用する

教材を教えるのではなく、教材で生き方を考えるのが道徳科の授業です。

なぜ、教材を活用するのか?

なぜ道徳科では教材を活用するのでしょうか。ここでは改めて、道徳科の授業で教材を活用する意義について考えてみたいと思います。

複数の子供たちがいれば、ねらいとする道徳的価値に関わる子供たちの体験も人それぞれです。それらの体験は条件や状況が異なることから、当然、そのときの感じ方や考え方も異なります。もちろん、自分との関わりで捉え、多面的・多角的に考えることは大切なことですが、そのときの条件や状況が異なったところから話合いが始まると、一つ一つの子供の感じ方や考え方は独立したものになっていきます。授業者がその中から共通点を見いだすなど、うまくコーディネートしていけばねらいに迫っていくことも可能かもしれません。しかし、決められた時間内にねらいとする道徳的価値について深く考えていくことが困難になってきます。だからこそ、共通の素材を教材として活用し、同じ条件や状況の下で自分との関わりで捉え、多面的・多角的に考え、自己の、あるいは、人間としての生き方についての考えを深められるようにしているということです。

また、低学年にしてみれば、教材のお話を通して学ぶ方が理解しやすいと思いますし、日常の体験ではなく、教材を話題とした方が、みんなが興味や関心をもって話合いに参加できます。さらに、実際に経験したことを話題にすると、特定の友達の名前が出てきてしまうことがあります。善いことでしたらいいのですが、悪いことで出されると、その友達にとって道徳科の授業は耐えがたい懺悔の時間となってしまいます。教材の登場人物でしたら、例えば「おおかみさんは通せんぼしていけないな」と本音で言えることも教材を活用することのよさです。

教材吟味

さて、ここからは授業構想に話題を戻し、授業での教材の活用について考えていきたいと思います。

道徳科の教材にも特徴があり、例えば、子供たちの身近で起きそうな出来事、著名な人物の偉業が素材となっているもの、いじめや情報モラル、人権や環境などの社会的な問題や現代的な課題が素材となっているもの、この他にも『泣いた赤鬼』や『足袋の季節』など、昔から語り継がれているような名作も教材になっています。こうした教材を読むと、教師も子供たちも教材を理解することに思いがいきがちになりますが、これらの教材を活用して道徳科のねらいに迫る、道徳的価値を手掛かりとしながら道徳性を養うことが道徳科の目標ということを忘れてはいけません。教材を理解することに終始しないように気を付けなければならないということです。

解説では「教材吟味」という言葉を用いていますが、今でも「資料分析」や「教材研究」という言葉の方が身近に使われているかもしれません。いずれにしても、教材について、教師が子供に考えさせたい道徳的価値に関わる事項がどのように含まれているのかを検討するということです。

第2章「道徳科の基礎知識」では「道徳的価値の理解」について説明しました。改めて確認すると、道徳的価値の理解には三つの理解があり、「価値理解」「人間理解」「他者理解」が必要であるということです。そこで、教材の中でこの三つの理解がどこでできるかを考えていくのが教材吟味の一つの方法となります。また、子供の実態、特に問題点を踏まえ、教材のどの場面について話し合うと子供たちの問題の解決につながっていくのかも考えます。しかし、問題の解決と言っても、実際にこうすればいい、ああすればいいという解決の具体的な方法を考えるのが道徳科ではないことは、第3章「道徳科の落とし穴」の「決意表明道徳」で説明した通りです。あくまでも道徳的価値に根差した問題を取り上げ、道徳的価値の意義について考えを深めていくのが道徳科です。

例えば、文部科学省『わたしたちの道徳　小学校三・四年』の『雨のバス停留所で』という教材で考えてみたいと思います。この教材は、雨降りの日に母親と外出した「よし子」が主人公です。よし子がバスの停留所へ行くと、停留所から少し離れた軒下で雨宿りをしてバスを待つ人たちがいました。そこへバスが来ると、よし子は誰よりも先に停留所に近づき、バスに乗り込もうとします。しかし、それを見ていた母親に引き戻され、軒下で雨宿りをしていた乗客の後ろに並んでバスに乗り込むことになりました。バスの中でよし子が母親を見ると、いつもの優しい表情ではありません。そんな母親の横顔を見ながら自分の行為を振り返るというお話です。

ここで、子供の実態として「きまりの必要性が感じられず、きまりがあることになかなか気付くことができない」という問題点を想定して考えてみたいと思います。どうしても自己中心的な考えが先に立ち、なかなか周りの人のことまで考えられていない子供はどこにでもいるのではないでしょうか。そこで、教材で取り上げたい一つの場面は、よし子が誰よりも先に停留所に駆け寄ったところです。こうした場面では、人間でしたら誰もがもっている自分の都合を優先するような本性が出やすいと言えます。第1章「道徳科の本質」の「コラム」で登場したばいきんまんの心だと考えてみてください。ここが道徳的価値の理解でも「人間理解」に相当するところとも言えます。

また、よし子が母親に引き戻され、軒下で雨宿りをしていた乗客の後ろに並んでバスに乗り込む場面が考えられます。この場面で、果たして子供たちはこのよし子をどのように受け止めているのでしょうか。つまり、どれくらいの視野でこの状況を見ているのかを確かめたいところです。「価値理解」も「人間理解」も「他者理解」もできそうなところです。

さらに、いつもとは違う母親の横顔を見ながら自分の行為を振り返る場面も考えられます。ここは「価値理解」につながるところで、子供たちが授業のねらいに向かっていくことができるような場面です。

このように、道徳科の授業を行う前に、活用する教材を読んで、ねらいとする道徳的価値について子供の実態を踏まえながら「価値理解」「人間理解」「他者理解」ができるような場面を見つけ、最後には「自己理解」につながるようにする、このことが教材吟味としては必要不可欠になります。

道徳的価値の理解を踏まえた教材吟味

段階	学習活動	主な発問と道徳的価値の理解	指導上の留意点
導入	1　身の回りのきまりを発表し合う。	○自分たちの身の回りには、どのようなきまりがありますか。	※ねらいとする道徳的価値について、問題意識をもてるようにする。
展開	2　教材を読んで話し合う ・早くバスに乗ろうとするときの気持ちを考える。	○バスが見えたとき、よし子が駆け出してバス停の先頭に並んだのは、どのような気持ちからでしょうか。 人間理解　他者理解	※自分のことを優先して考え、行動しようとするときの気持ちを、自分との関わりで考えられるようにする。
	・先頭から引き戻されたときの気持ちを考える。	○乗客の後ろに並んで待っているよし子は、どのようなことを考えているのでしょうか。 価値理解　人間理解　他者理解	※お母さんの行為から、どうして引き戻されたのかを多面的・多角的に考えられるようにする。
	・きまりを守ることの大切さを考える。	○窓の外を見ているお母さんの横顔を見ながら、よし子はどのようなことを思っていたのでしょうか。 価値理解　他者理解	※きまりを守ることの大切さとともに、人を不愉快な思いにさせてしまうことを、自分との関わりで考えられるようにする。
	・きまりを守ってよかったことを振り返る。	○きまりを守ってよかったことはありますか。 自己理解	※書くことを通して、自分自身と向き合えるようにする。
終末	3　先生の話を聞く。	○身の回りのきまりは、なぜあると思いますか。	※きまりを守ることの大切さを味わえるようにする。

発問を工夫する

発問は、子供たちに考えるきっかけを与えるもので、授業者の発問の工夫なしに充実した子供の学びは保障できません。

登場人物の気持ちや考えを問う

活用する教材の中から、話し合う価値のある場面が見つけられたら、次は、その場面で子供たちにどのような言葉を投げかけて問うかを考えていきます。

道徳科の授業では、一人一人の子供たちが自己を見つめ、自己の、あるいは、人間としての生き方についての考えを深める学習を行いますが、教材を活用することを通して、学級の子供たちが一つの土台に乗ってみんなで話し合うというスタンスをとっているのは前述した通りです。そこで、発問も、教材の登場人物を活用しながら行うことが一般的には多く行われています。

例えば、前述した『雨のバス停留所で』において、

「よし子は、どのような気持ちで、誰よりも先にバス停に近づき、バスに乗ろうとしたのでしょうか」

という発問が考えられます。

この授業者の発問に正対するとすれば、子供たちはよし子の気持ちを考えることになります。しかし、道徳科で大切なのは「自我関与」、つまり、自分との関わりで考えるということです。

第3章「道徳科の落とし穴」の「読み取り道徳」でも取り上げたように、ここでは、登場人物の気持ちに共感するのではなく、登場人物に共感して気持ちを考えるということで

す。子供たち自身がこのような状況に置かれたら、どんな気持ちになるのかを自分の心に聞いてみるということになります。

すると、子供は、「おばさんへのお土産がぬれちゃうから、早くバスに乗ろう」とか、「早く乗って、空いている席があったら座りたい」という気持ちがあることに気付き、発言したりつぶやいたりするものです。また、お母さんに引き戻された場面では、

「よし子は、お母さんに引き戻されたとき、どんな気持ちになったのでしょうか」

という発問が考えられます。さらに、

「バスに乗り、お母さんの横顔を見ながらどんなことを考えていたのでしょうか」

というふうに、発問では気持ちばかりでなく、考えを問うこともあります。

このように道徳科では、教材の登場人物への自我関与を中心に学習が進められ、そのときの発問も、登場人物を活用しながら問うことが一般的になっています。

問い方を工夫する

発問の仕方はこうでなくてはならないと決められているものではありません。

例えば、お母さんに引き戻されて、よし子が雨宿りをしていた乗客の後ろに並んでバスに乗ろうとしているとき、どうしてよし子がお母さんに引き戻されたのか、子供たちは気付いているのかどうかを確かめたいと思えば、

「よし子はなぜ引き戻されたのでしょうか」

「よし子は何かいけないことをしたのでしょうか」


などと、子供たちによし子の行為を客観的に捉えて考えられるような発問も効果的です。

さらには、お母さんの横顔を見ている場面から発展して、

「きまりは何のためにあると思いますか」

など、授業のねらいとする道徳的価値について直接問うような発問をすることも考えられます。

いずれにしても、発問を考えるということは、授業を構想する上でとても重要なものです。授業の骨格と言うこともできるので、実際にどのような言葉で発問をするのかを考えてみてください。

道徳科の発問にもその役割によって様々な働きがありますが、その授業の流れをつくる骨格となるような発問を、一般的には「基本発問」と言っています。

また、その発問の中でも特に時間をかけてじっくりと考える発問のことを「中心発問」と言ったりもしています。

しかし、実際の授業では、中心発問を含めた基本発問だけで授業が展開できるわけではないのです。子供の発言をよく聞いて、その気持ちや考えに対してさらに深く聞いてみたり、教師自身が感じたことを子供に尋ねてみたりすることで、子供がより自分との関わりで深く考えられるようにしていきます。

このような発問のことを「問い返しの発問」「切り返しの発問」などと言い、「基本発問」や「中心発問」に対して「補助発問」と言っています。

授業構想であらかじめ基本発問を考えておくことは大切なことです。しかし、基本発問のみでは広く深く考える授業を行うことはできません。基本発問は子供が考え始めるきっかけとなる発問です。この基本発問や中心発問が授業の骨格になることは確かなことで、これらの発問を通して授業を展開していきますが、それぞれの発問の後は、教師が子供の発言やつぶやき、表情などの表現をしっかり受け止めて、問い返したり、切り返したりしながら話し合い、子供たちが自己を見つめ、自己の、あるいは、人間としての生き方についての考えを深めていけるようにしましょう。

学習指導過程を構想する

授業の一連の流れの中で、それぞれの段階の役割を理解し、1単位時間のどこに一番時間をかけるのかを設計することが大切です。

授業の中心となる「展開」

1単位時間の授業の流れを「学習指導過程」と言います。学校によっては「展開」という言葉を使っているところもありますが、この後説明する「展開」との区別がつかなくなりますので、ここでは「学習指導過程」とします。道徳科の学習指導過程には、特に決められた形式はありませんが、一般的には「導入」「展開」「終末」の各段階を設定することが広く行われています。これが学習指導過程の一つの段階としての「展開」です。

　では、学習指導過程を構想するとき、どこから考えていけばよいでしょうか。私のおすすめは、まず、①授業のねらいを確認します。ここから学習指導過程を構想していきますが、授業の流れに沿って「導入」からではありません。「展開」において、②特にねらいに迫るために子供たちにどのような発問をするかを考えます。この発問のことを解説では「中心的な発問」と言っています。前述した「中心発問」のことです。

　次に、③それを生かすためにその前後の発問を考えます。前後といっても必ずしも中心的な発問の前と後ろに一つずつ発問を入れると決まっているものではありません。中心的な発問を「生かす」ということがポイントです。

　ここまでで発問の流れが決まったら、④話合いの土台となる教材の内容で、前提として押さえておきたいことを確認します。これは何のために行うのかというと、設定条件が異なれば話し合うスタート地点も変わるからです。例えば、登場人物の関係として、仲の良い友達同士なのか、知らない人同士なのかによっても、ずいぶん感じ方が変わります。その話し合うスタート地点として子供たちに伝えておくべき条件や状況などの情報を確認するということです。

ここまできたら、ようやく⑤導入や終末で行うべき学習を考えます。ここでは、はじめに確認した授業のねらいとそれを踏まえた中心場面での発問を生かすことを考えます。

「導入」や「終末」の役割

導入や終末について、小学校解説には次のように示されており、中学校解説にもほぼ同じことが示されています。

> 導入は、主題に対する児童の興味や関心を高め、ねらいの根底にある道徳的価値の理解を基に自己を見つめる動機付けを図る段階であると言われる。
> 終末は、ねらいの根底にある道徳的価値に対する思いや考えをまとめたり、道徳的価値を実現することのよさや難しさなどを確認したりして、今後の発展につなぐ段階であると言われる。

小学校学習指導要領解説　特別の教科　道徳編　82～83ページ参照
中学校学習指導要領解説　特別の教科　道徳編　81ページ参照

このことから、具体的に導入では、本時の主題に関わる子供たちの実態を知るためのアンケート調査の結果から問題意識をもたせたり、実物を提示するなど教材の内容に興味や関心をもたせたりするようなことが考えられます。一方、終末では、教師の説話をしたり、子供の生活の様子を映像で紹介したりするなどの工夫をすることもできます。

いずれにしても、それほど時間がかけられるところではありませんが、本時の授業の核となる「展開」での学習を支える大事な段階と言えます。

学習活動をより効果的に行う

さあ、これで道徳科の授業の骨格ができました。最後の仕上げに入っていきます。

前述したように、道徳科の目的は道徳性を養うために、その道徳性の諸様相である道徳的な判断力、心情、実践意欲と態度を育てることです。そのための手段となる学習活動が、自己を見つめ、広い視野から多面的・多角的に考え、自己の、あるいは人間としての生き方についての考えを深めるということです。この学習活動をより効果的に行うためにどのような指導方法を用いるかということが⑥番目に考えることです。指導方法の工夫は多種多様で決して限定されるものではありません。この指導方法を考えることが何よりも先に行われることがしばしば見受けられます。しかし、それは間違っています。手段が先に立つことで目的が失われ、誰のための授業なのか分からなくなります。授業は教師主導ではありますが教師主体ではありません。子供主体です。指導方法が先に立つと「活動あって学びなし」の授業になる傾向にあります。大切なのは、より効果の高い適切な指導方法を用いるということです。教師が授業のねらいに迫っていくために、子供が自分の考えをもち、友達と話し合い、自分の考えをより確かなものにしていけるようにするための工夫をするのです。具体的な指導方法については、この後、紹介していきたいと思います。

時間配分

いよいよ最後、⑦番目として1単位時間、小学校では45分、中学校では50分の時間配分を考えます。

この時計をご覧ください。私がよく授業をするときに教卓の上に置くメモです。この授業は10時40分から始まり11時25分に終わるものです。このメモのよさは、時計を見て視覚的に授業の進行状況を把握しやすいところにあります。夢中で授業をしていると時間の経過を忘れてしまうことがよくあります。ここからいよいよねらいに迫る重要な話合いに突入するという段階にきて残り時間がわずかでは何にもなりません。かけたいところに時間をかける、そのための大切な準備になります。

授業構想の手順

さて、ここまでの授業構想の仕方をまとめます。

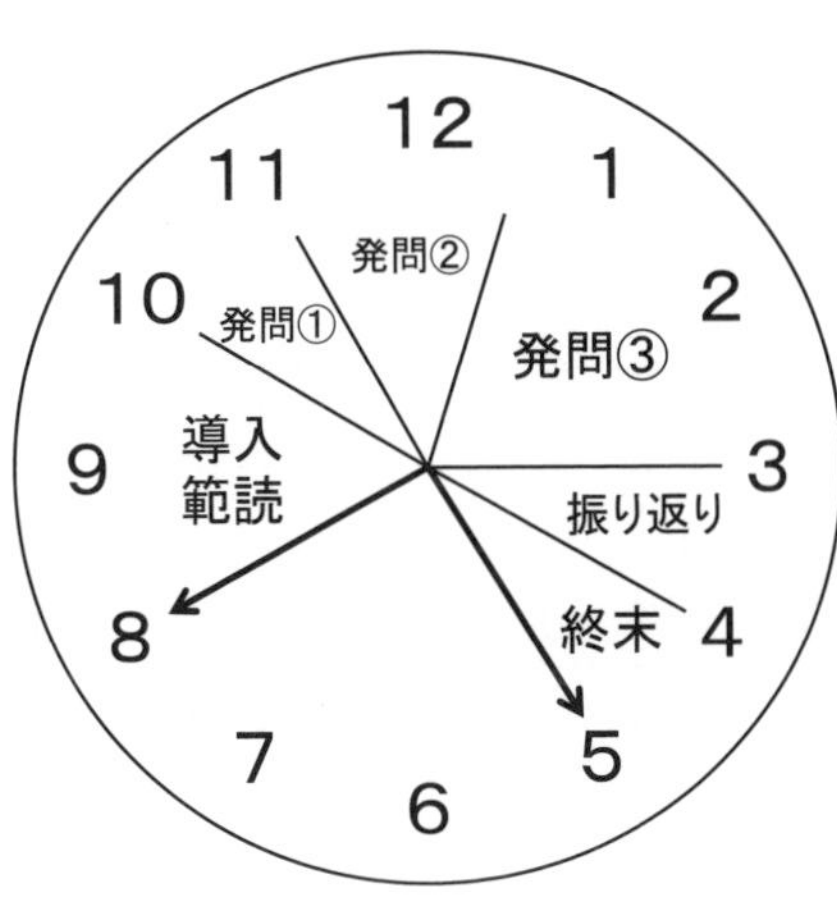

①授業のねらいを確認する
②教材の中心場面と発問を考える
③中心的な発問の前後の発問を考える
④話合いの前提となる条件等を確認する
⑤導入と終末で行うことを考える
⑥指導方法を考える
⑦時間配分を決める

これを読んでいるあなたは道徳科の授業の準備にどれくらい時間をかけますか。道徳科の準備だけに時間をかけるわけにはいかないし、そのときの忙しさによってもかけられる時間は異なります。だからこそ、効率よく準備を進めるために、授業を行う前に考えることを決めておくとよいでしょう。毎回のルーティンとして授業構想の仕方が身に付いてくると、一定の時間で効率よく授業を構想することができるようになります。

主体的・対話的で深い学び

子供たちが道徳科の授業で主体的に道徳性を養うためにも、質の高い学習活動を行うことが必要不可欠となります。

全ての教科等で育成を目指す資質・能力

第4章「道徳科の授業構想グランドデザイン」として、ここまで「年間指導計画の確認」「指導の明確な意図」「教材吟味」「発問構成」「学習指導過程の構想」について授業構想の一般的な順を追いながら説明してきました。次は「指導方法の工夫」といきたいところですが、その前に大切な道徳科の学習活動について考えていきたいと思います。それは、学習活動の充実を図ることによって子供たちは道徳性を養うことができるようになるものだからです。授業の核となる大切な部分になります。

今、各教科等では「主体的・対話的で深い学び」を視点として学習指導の改善を図ろうとしています。子供たちにはどのように学ぶことが求められているのでしょうか。

新しい時代に必要な資質・能力として、下図のように「知識及び技能」「思考力、判断力、表現力等」「学びに向かう力、人間性等」が示されました。これらを総称して、資質・能力の三つの柱と言います。

これらの資質・能力を育成することが、今回の学習指導要領の趣旨となっており、そのために子供た

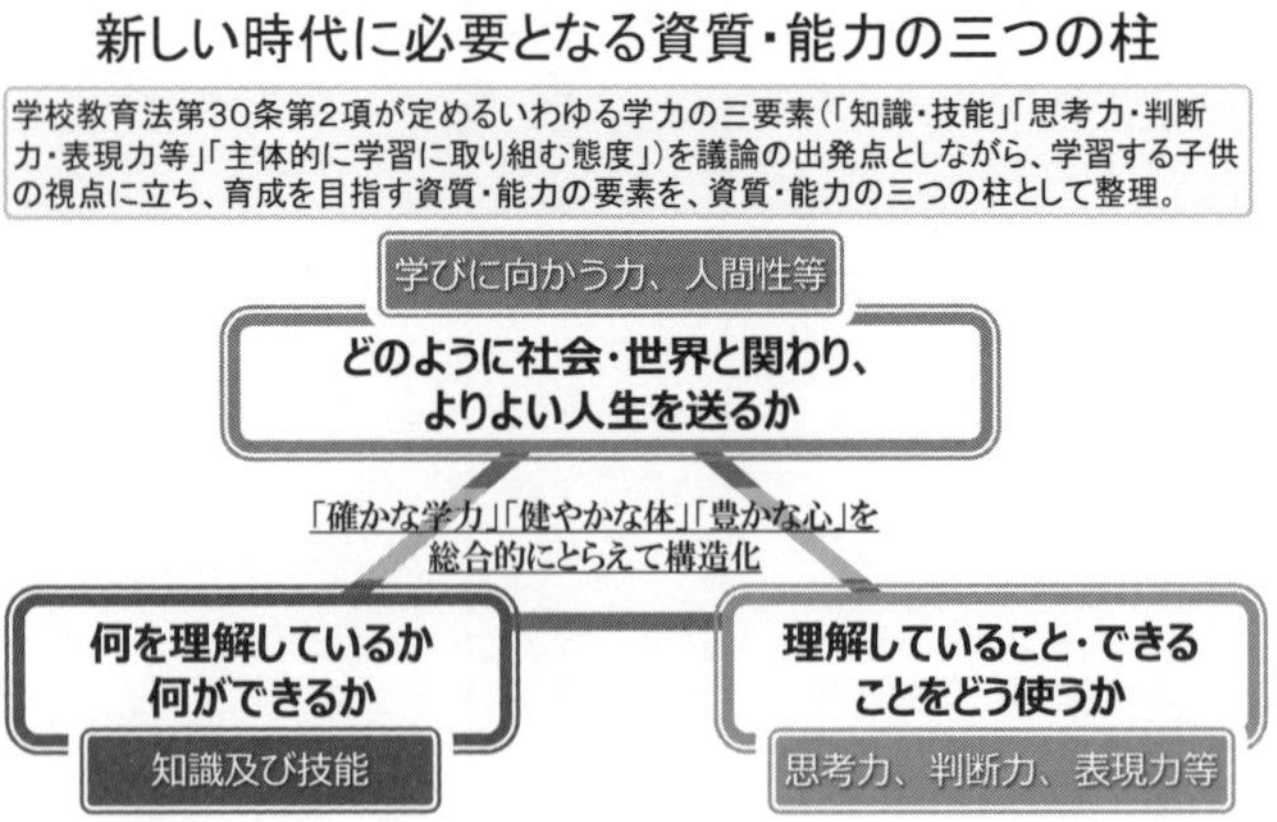

新しい時代に必要となる資質・能力の三つの柱

学校教育法第30条第2項が定めるいわゆる学力の三要素（「知識・技能」「思考力・判断力・表現力等」「主体的に学習に取り組む態度」）を議論の出発点としながら、学習する子供の視点に立ち、育成を目指す資質・能力の要素を、資質・能力の三つの柱として整理。

学びに向かう力、人間性等

どのように社会・世界と関わり、
よりよい人生を送るか

「確かな学力」「健やかな体」「豊かな心」を
総合的にとらえて構造化

何を理解しているか
何ができるか

知識及び技能

理解していること・できる
ことをどう使うか

思考力、判断力、表現力等

ちはどのように学べばよいのかを考え、教師はより一層の学習指導の改善を図っていくことが求められています。その改善の視点として使われているキーワードが「主体的・対話的で深い学び」ということになります。

資質・能力を育成するための学び

これらの資質・能力を育成するため、各教科等で求められている「主体的・対話的で深い学び」のそれぞれの視点については、次のように示されています。

・「主体的な学び」の視点

学ぶことに興味や関心を持ち、自己のキャリア形成の方向性と関連付けながら、見通しをもって粘り強く取り組み、自己の学習活動を振り返って次につなげる「主体的な学び」が実現できているかという視点

・「対話的な学び」の視点

子供同士の協働、教職員や地域の人との対話、先哲の考え方を手掛かりに考えること等を通じ、自己の考えを広げ深める「対話的な学び」が実現できているかという視点

・「深い学び」の視点

習得・活用・探究という学びの過程の中で、各教科等の特質に応じた「見方・考え方」を働かせながら、知識を相互に関連付けてより深く理解したり、情報を精査して考えを形成したり、問題を見いだして解決策を考えたり、思いや考えを基に創造したりすることに向かう「深い学び」が実現できているかという視点

※小学校学習指導要領解説　総則編　76～80ページ参照
※中学校学習指導要領解説　総則編　77～81ページ参照

このような視点で各教科等の学習指導の改善を図り、新しい時代に必要となる資質・能力の三つの柱を育成していくのです。ですから、道徳科における「主体的・対話的で深い学び」を考える前に、各教科等の教育課程においてこれらの資質・能力をどのような学びで育成していくのかをしっかりと踏まえておくことが大切です。

資質・能力の三つの柱と道徳性

このように、各教科等で新しい時代に必要となるこの資質・能力をしっかりと育成していくことが大切です。しかし、道徳科で育成する資質・能力といえば、それは「道徳性」なのです。この道徳性は「人間性」と深く関わるので、その部分のみ育てればよいのかと考えるかもしれませんが、「人間性」だけを取り出して指導できるものではありません。また、道徳科だけは学習指導要領の趣旨とは別のものと考えるかもしれません。確かに道徳科では、内面的資質である道徳性の諸様相（道徳的な判断力、心情、実践意欲と態度）を育てることが目標ですが、授業では、学習活動の充実を図ることを通して、前述した資質・能力の三つの柱を育成するという意識をもつことが重要なのです。

例えば、「知識及び技能」に関わることとしては、生活の場面でも活用できるような確かな知識として習得されるように、第2章「道徳科の基礎知識」でキーワード⑦として取り上げた「道徳的価値の理解」のため、「価値理解」「人間理解」「他者理解」を基に「自己理解」をしっかり行っていくということになります。「思考力、判断力、表現力等」に関わることとしては、同じくキーワード⑧「道徳的価値の自覚」において、道徳的価値の理解を基に、自己を見つめ、物事を多面的・多角的に、つまり、自分の体験を想起しながら、より広い視野をもって考察し、理解を深めていくという学習過程の充実を図ることを通して育てていくということになります。

このような学習をしっかり行うことによって道徳性が養われ、その継続的な指導によって、子供たちの「人間性」も含めた資質・能力の三つの柱の育成にもつなげていくことが大切なのです。

道徳科に求められる学習活動

実は道徳科では、学習指導改善の視点として「主体的・対話的で深い学び」というキーワードよりも「考え、議論する道徳」というキーワードをよく使っています。この言葉には、教科化される以前の道徳の時間では、読み物教材の登場人物への心情理解のみに終始するような指導が課題として挙げられていたことから、これからの授業では、課題を自分事として受け止めて、自分との関わりで考え、答えが一つではないことについてみんなで議論するような授業への質的転換を図るような意味が込められています。このような学習は「主体的・対話的で深い学び」が意図する学習とも一致するわけです。

この「主体的・対話的で深い学び」あるいは「考え、議論する道徳」というキーワードに求められている道徳科の学習活動を簡潔に言うならば、それは、道徳科の目標の中に示されている次のような学習になります。

道徳的諸価値についての理解を基に、自己を見つめ、物事を（広い視野から）多面

的・多角的に考え、自己の（人間としての）生き方についての考えを深める学習
※カッコ内は中学校表記

このような学習を行うことによって、子供たちは、ねらいとする道徳的価値を手掛かりとしながら、道徳性を養っていくことができるようになるのです。

そこで、こうした学習を行うために留意すべき点を四つ挙げたいと思います。

- 問題意識をもって授業に臨めるようにする
- 自分との関わりで考えられるようにする
- 多面的・多角的に考えられるようにする
- 自己を振り返り、生き方についての考えを深められるようにする

これらの学習を心掛けていくと、子供たちの「主体的・対話的で深い学び」「考え、議論する道徳」という視点で授業の充実が図られていきます。

それでは、これらについてもう少し詳しく説明していきたいと思います。

問題意識をもつ

「問題意識をもつ」ということについてですが、他の教科等ではすでに学習課題を提示するなどして行ってきました。しかし、道徳科の授業ではややもすると、授業のはじめに教材を提示して始まるので、その教材の中に出てくる登場人物の心情を理解させることに終始してしまうような展開になる傾向があります。これでは自分の生き方について考える授業というよりは、登場人物の気持ちを考える授業になってしまいます。道徳科では、子供たちがよりよい生き方についての問題意識をもって授業に臨み、自分事として考えられるようにすることが大切です。

では、道徳科で扱う問題とはどのようなものなのでしょうか。どんなことが問題として取り上げられるのでしょうか。道徳科の特質やこれまでの経験から考えてみると、主に三つのタイプの問題が考えられます。

①身近で切実な問題

一つ目は、子供たちにとって「身近で切実な問題」です。例えば、子供たちの生活の様子を見ていると、友達からよくない遊びに誘われると一緒にやってしまうようなことがあったとします。このような生徒指導上の問題を取り上げて解決していこうとすると、それは道徳科の授業の時間を使った生徒指導になってしまいます。そこで、もしこのような問題があるとするならば、こうした問題の解決に関わりのある内容項目を考えてみるのです。この場合で言えば［善悪の判断、自律、自由と責任］が考えられます。問題の解決につながる内容項目は一つに絞られるわけではありません。関わりのある内容項目について計画的に指導をしていくことが、結果的には子供たちの生徒指導上の問題の解決にも結び付いてきます。その他にも、ゲームを夜中までやってしまい、朝、自分で起きられないような問題があれば［節度、節制］の内容に大きく関わっています。相手の過ちが許せずにけんかが絶えない。これは［相互理解、寛容］。当番や係の仕事をさぼる。これは［よりよい学校生活、集団生活の充実］が特に関わりのある内容項目と言えるでしょう。

道徳科の授業では、生徒指導上の問題等をそのまま扱うのではなく、教科書等の教材を活用してその問題を解決することに関わりのある内容項目、そこに含まれる道徳的価値の意義についてしっかりと学ぶということです。全く子供たちのこととして触れてはいけないということではありません。導入や終末で、特に誰の問題ということではなく、一般的に見られるような身近な問題として取り上げ、子供たちにもそのようなことはよくあることだと認識させながら自分の問題として受け止められるように工夫することができます。あまり具体的に触れ過ぎると、これは〇〇さんの問題だなと、他の子供たちが気付いてしまいます。そうなると、道徳科ではなく生徒指導的な道徳科の授業になってしまいます。それは避けるべきです。

また、このような問題があるからといって、即、関わりのある内容項目を取り扱って授業を行おうとすることは迅速な対応にも見えますが、このように対応していると、年間を通して全ての内容項目について指導できなくなることが考えられます。あくまでも年間指導計画に則りながら授業を行い、子供の切実な問題に関わりのある内容項目について指導する機会がきたときには、道徳科の本質を外さずに、教材を活用しながらねらいとする道徳的価値の意義をしっかりと考える授業を行う、ということです。

②社会的な問題や現代的な課題

道徳科で扱う問題の二つ目の例として挙げられるものに、今、目の前の子供たちに直接関わるような問題ではないとしても、子供たちに考えてもらいたいという問題があります。例えば、「いじめをなくすためには?」という問題は考えておくべき重要な課題の一つです。全国各地では今もなお痛ましい事件が起きています。また、「これからの未来を安心して生活していくためには?」という問題は持続可能な社会の発展に関わる課題であり、環境教育や平和教育、人権教育などが学校教育の中でも取り上げられています。このような問題を解決することに寄与する子供たちを育てるためにも道徳教育に大きな期待が寄せられているのは確かなことです。さらに近い将来、「人工知能の進化により変化する社会において人間はどうあるべきか?」というような問題も考えなくてはなりません。

今、紹介したこのような問題を、一般的には「社会的な問題や現代的な課題」と呼んでいます。これらも道徳科の問題として取り上げることができます。

今回、道徳科が特別の教科となり、教科書が使用されることになりました。各社の教科書も大変工夫されており、発達の段階ごとに社会的な問題や現代的な課題について考えられる教材が掲載されています。ですから、教科書を主たる教材として年間指導計画に基づき指導をしていけば、こうした問題を取り上げて授業を行うことも増えてくるわけです。しかし、こうした問題を扱うにしても、やはり道徳科では、その問題の具体的な解決方法を話し合うのではなく、生徒指導上の問題を扱うときと同じように、道徳的価値の意義について話し合い、自己を見つめ、自己の、あるいは、人間としての生き方についての考えを深めていくということになります。

③教材の中に描かれている問題

道徳科の授業で扱う問題の三つ目の例として挙げるのが「教材の中に描かれている問題」です。おそらく道徳科ではこのような問題の取り上げ方が一番多いのではないかと思われます。教材に描かれていることについて問題点を見つけ、考えてほしいという思いで授業をするということです。また、「偉大な人物の生き方に自分を重ねて学んでほしい」という思いで授業を行うこともあります。さらに、「もし、教材に描かれているようなことが子供たちの身近なところで起きたら、そのときにはよく考えてよりよい判断ができるようになってほしい」という思いで授業をすることもあります。これらは全て、子供が教材と出合い、その内容に疑問をもったり、関心をもったりしたことについて話し合うような展開が考えられます。

道徳科の授業として取り上げられる問題を三つ紹介しましたが、この他にもあるかもしれません。いずれにしても、道徳科の授業では、確かに読み物教材等を読めばそれだけでも生き方を学ぶことはできるのですが、教材の内容を理解させることに終始せず、教材を活用して生き方を学ぶ時間という意識をもって授業を行ってほしいと思います。だからこそ、この「問題意識をもつ」ということが重要になります。こうした積み重ねが結果的には道徳科で養った道徳性がその問題の解決のみにとどまらず、様々な場面においてよりよい行為が実践できることにつながっていくのです。

自分との関わりで考える

次に「自分との関わりで考える」ということについて考えていきたいと思います。第3章「道徳科の落とし穴」の「読み取り道徳」でも触れました。

では、復習です。次の二つの文を比べてみてください。どちらが自分との関わりで考えるという意図が表れているでしょうか。

・登場人物の気持ちに共感する
・登場人物に共感して気持ちを考える

言葉が入れ替わっているだけで、それ以上の違いをなかなか見つけられないかもしれませんが、大きな違いがあります。自分との関わりで考えることを意図しているのは二つ目の「登場人物に共感して気持ちを考える」です。

道徳科の授業では教材を活用して授業を行いますが、自分との関わりで考えるために何に共感するのかというと、一つ目の文の「登場人物の気持ちに共感する」のではないのです。登場人物がその教材の中で立たされた状況に共感します。例えば、お腹が空いたとき、けんかをしたとき、嘘をついてしまったとき、こんな状況がよく教材の中にも出てきます。そのときに、これまでの自分の同じような体験を想起するということです。では、誰の気持ちを考えるのでしょうか。それは、登場人物の気持ちではありません。自分の気持ちです。お腹が空いたときはどんな気持ちかな、けんかをしたときってどうだったかな、嘘をつき通しているときはどうかな、ごはんがおいしく感じられなかった、何だかムカムカするな、というふうに自分の気持ちを考えるのが、本来の道徳科として感じたり考えたりすることなのです。ところが、いつの間にか「教材の登場人物の気持ちに共感する」ことが道徳の授業となってしまいました。すると、いつの間にか子供たちも登場人物の気持ちを考えて発言し、そこには自分の気持ちや考えは重なっていないという状況が生まれてしまうことがあったのです。

これからの道徳科の授業では「自我関与」という言葉がキーワードになります。ある事柄を自分のものあるいは自分に関係があるものとして捉え、考えていく授業、つまり、自分との関わりで考える授業が求められているのです。

自分との関わりで考えられるようにするための工夫にもいろいろあります。前述した問題意識をもって授業に臨めるようにすることも、その問題を自分事として捉え、自分との関わりで考えられるようにするための手立ての一つです。

この他にも発問の仕方によって自分との関わりで考えられるようにするための工夫があります。

・うさぎを追い返したおおかみは、どんな気持ちでしょうか?

・自分だったらどんな気持ちですか？

どちらが自分との関わりで考えられる発問でしょうか。そうですね。後者は「自分だったら」と子供に聞いているので、自分自身の気持ちや考えを発言したり、書いたりすると思われます。これからの道徳科の授業での発問は、「自分だったらどうしますか？」「自分だったらどんな気持ちになりますか？」という発問が効果を発揮しそうです。しかし、自分との関わりで考えるとは、そう単純なものではないのです。

どうしてこれまでの発問は、一般的に登場人物を主語にして「おおかみはどんな気持ちで一本橋を渡っているのでしょうか？」などと発問してきたのでしょうか。

これは『はしの上のおおかみ』という教材の一場面です。おおかみが「えへん、へん」といばって一本橋をわたっているときのことです。向こうから渡ってくるうさぎを追い返し、おおかみは我が物顔で橋を渡っていきます。このときの気持ちを問う発問の意図は、自己主張したくなる気持ちやいばってみたくなる気持ちが子供自身の心の中にも少なからずあることを確かめるということです。

では、早速この場面で自分との関わりで考えられるようにするために発問をしてみます。

「自分だったらどんな気持ちになりますか?」。すると一人の子供が、「自分だったらそんなことはしません。うさぎさんがかわいそう」と発言しました。次の子供は、前に発言した子供の気持ちを受けて、「私だったら、うさぎさんを渡らせてあげます。その方が嬉しいからです」と発言しました。一気に本時の［親切、思いやり］のねらいに向けられた発言が子供から出されました。この場合で言うと、教師の意図とは異なり、子供たちは自分の心の中の善い部分を見つけて発言する結果となりました。もしかするとこの中には、学級で自分の発言を聞いている友達のことが気になって善いことを発言しようと考えた子供もいるかもしれません。このように考えて発言することは決していけないことではないのですが、教師の意図とは異なります。

「道徳的価値の理解」については、第2章でも説明しましたが、その理解には「価値理解」だけでなく「人間理解」もあります。人間の本性は善いことばかりではなく、自分の存在価値をアピールしたい、いばるのも楽しいと感じる心もあり、それが好きだという人だっています。こんな心を確かめたいと考えたのがこの発問の意図でした。

ここで発問の仕方を変えて「うさぎを追い返したおおかみは、どんな気持ちでしょうか?」と発問したらどうでしょうか。「誰にもじゃまされずに橋を渡るのは楽しいな」「自分が一番強いんだぞ」という教師が意図するような発言が出てきました。おおかみを主語にした発問では、子供はそのときの気持ちを語っています。では、この発言は、自分との関わりで考えているのでしょうか。それとも、おおかみの気持ちを考えていて、自分事ではなく他人事なのでしょうか。判断するのは容易ではありませんが、それを見抜くつもりでしっかり聞くことが大切です。日頃の子供の生活の様子をよく見ていて性格を知っている学級担任の先生でしたら見抜くことができると思います。それでも見抜けないようでしたら、子供の発言の後に「こんなおおかみの気持ちって分かりますか？」と問い返してみるのも一つの方法です。「いばって気持ちよくなるような気持ちを感じることはありますか？」と確かめてみるのもよいでしょう。このように、登場人物を使って発問することのよさも理解することが大切です。自分との関わりで考えるための発問は、単純に「自分だったら……」とは限らないということです。

今度は『かぼちゃのつる』という教材で考えていこうと思います。この『かぼちゃのつる』は、一般的には［節度、節制］、端的に言えば「わがままはいけない」ということを学ぶための教材として活用されます。お日様がまぶしい朝にかぼちゃはつるを伸ばしていきます。かぼちゃはつるを畑の外に伸ばしていきました。ミツバチやチョウチョの注意も聞きません。かぼちゃのつるは道を越えて、スイカ畑に伸びていきました。子犬が「ここはぼくや人の通る道だよ。こんなところに伸びては困るよ」と言うと、かぼちゃは「またいで通ればいいじゃないか」と言いました。かぼちゃが、自分の思うがままにつるを伸ばしていると、ついに、道を通り抜けたトラックにひかれてつるを切られてしまい、ポロポロと涙をこぼして泣きました、というお話です。では、自分との関わりで考えられるようにするために、早速、子供たちに聞いてみることにします。

教師「みなさん、つるを伸ばしたことはありますか？」
子供「……」

人間はつるを伸ばすことはできません。では、どうすれば自分との関わりで考えることができるのでしょうか。

このお話の状況は、小学校1年生ですとどんな状況と重なるでしょうか。遊びや好きなことに夢中になりすぎると周りが見えなくなり、きまりが守れなくなったり、危険が察知できなくなったりするということが思い当たるでしょう。

自分との関わりで考えるための手立てとして、教材『はしの上のおおかみ』の活用を例に発問の工夫について前述しました。しかし、人間にはつるを伸ばすという経験はありません。つまり同じような体験を想起し、そのときの気持ちを考えることはできません。このようなときには、発問の仕方の工夫ではなく、子供の日常生活と教材の世界を重ねるという工夫が有効になります。

例えば、「1年生のみなさん、太陽が出ているようなとてもよい天気の日には何がしたいですか?」と聞くと、多くの子供たちは「鬼ごっこがしたい」とか、プールの時期だと「泳ぎたい」とか、遊びのことを発言します。その後で「では、かぼちゃさんは何がしたいと思いますか?」と聞いてみます。すると、ゴロゴロ転がりたいとか、中にはつるを伸ばしたいと言う子供が出てきます。なぜ、つるのことを知っているかというと、朝顔を育てた経験があるからなのです。こんなふうに、かぼちゃがつるを伸ばすことと、子供たちが元気に遊ぶことが重なります。この後はいつものように授業を展開していきますが、例えば、「つるをぐんぐん伸ばしているとき、かぼちゃさんはどんな気持ちでしょうか?」と発問すれば、これは、つるを伸ばしているときのかぼちゃの気持ちを聞いていますが、意図として、子供たちが自分が好きなことをしているときの気持ちを考えられるようにしているわけです。つまり「好きな遊びに夢中になっているときは、どんな気持ちですか?」ということを考えられるようにしています。次に「ミツバチやチョウチョに注意されたとき、かぼちゃさんはどんな気持ちですか?」と発問します。これは、自分が夢中になって遊んでいるときに注意されたら、どんな気持ちになるか、ということを考えられるようにしています。おそらく嬉しくはないと思います。

最後に、「トラックにひかれてつるを切られたとき、かぼちゃさんはどんなことを考えたのかな?」と発問し、子供たち自身が人の言うことを聞かないで失敗したときの気持ちを考えられるようにしています。

教材『はしの上のおおかみ』『かぼちゃのつる』を例に自分との関わりで考えるということについて考えてみました。もちろん、この他にも自分との関わりで考えられるようにするための工夫があると思いますので、意識して授業を行ってみてください。

多面的・多角的に考える

道徳の時間が特別の教科になってから、道徳科の目標に「多面的・多角的」という言葉が示されました。子供たちに、一つの見方ではなく、様々な見方で物事を捉えて考えていくことが求められていると言えます。そこで、道徳科の授業で道徳性を養うために、ねらいとする道徳的価値について、子供たちがどのように多面的・多角的な見方や考え方をすることが、よりよい生き方に結び付いていくのかを考え、指導に生かしていくことが大切です。こうした学習によって、「主体的・対話的で深い学び」で育成を目指す資質・能力、特に、「思考力、判断力、表現力等」の育成にも結び付いてきます。

　では、道徳科の「多面的・多角的」とは、どのような見方や考え方を意味しているのでしょうか。この「多面的」と「多角的」とは、それぞれが独立した意味をもつものではなく、二つの言葉をあわせて意味を成すものと捉えると理解しやすくなります。道徳科で考える道徳的価値や関わる事象は様々な側面をもっています。それを、これまでの自分の体験から感じたり考えたりしたこと、さらに、友達が感じたり考えたりしたことなどを基に、様々な角度からその事象を考察し、より深く道徳的価値の意義などについて理解していくということです。道徳科の目標は、全教育活動を通じて行う道徳教育の目標と同様に、よりよく生きるための基盤となる道徳性を養うことです。子供たちが一つの事象に対して様々な見方で捉えて考え、選択肢を多くもつこと、その複数の選択肢の中から適切に判断していくことが、よりよい生き方を見付けていくことになります。そのためにも道徳科の授業では、「対話的な学び」あるいは「協働的な学び」として、みんなで考えを出し合い、その様々な見方や考え方を自分の中に取り入れ、最終的には一人一人の子供たちが、それぞれによりよい生き方につながる思考や判断、表現ができるようになることが大切です。

では、実際に道徳科の授業を構想するためには、どのような学習により多面的・多角的に考えられるようにすればよいのかを考えてみたいと思います。

①道徳的価値の三つの理解

そもそも、道徳的価値を理解するとは、内容項目を、人間としてよりよく生きる上で大切なことであると理解すること（価値理解）、道徳的価値は大切であってもなかなか実現することができない人間の弱さなども理解すること（人間理解）、道徳的価値を実現したり、実現できなかったりする場合の感じ方、考え方は一つではない、多様であるということを前提として理解すること（他者理解）であることは、第2章「道徳科の基礎知識」の「道徳的価値の理解」でも説明しました。このような様々な理解をすることも多面的・多角的に考えると言える大切なことです。

子供が他者と対話したり協働したりしながら、多様な感じ方や考え方に接することで、物事を多面的・多角的に考えることができるようになります。このような学びを「対話的な学び」あるいは「協働的な学び」と言い換えることができます。例えば、学習形態の工夫として、ペアやグループでの話合いを取り入れることも必要ですし、ＩＣＴ端末などを効果的に活用して、子供同士の交流の機会をつくることもできます。また、子供同士の対話だけでなく、教師との対話はもちろん、保護者や地域住民、専門家等の道徳科の授業への参加を得ることができれば、こうした大人との対話も可能となります。さらに、補助的な資料を通じて先人の考え方に触れることも対話の一つです。自分の考えをもって授業に臨み、対話的な学びや協働的な学びを通して他者の考えを知る。こうして得られた様々な考えと自分の考えを比べ、改めて自分の考えをより確かなものにしていく。このような学習によってよりよい生き方についての考えを深めていくことができることから、多面的・多角的に考えるということが重視されています。

②道徳の内容項目の関連

道徳科の指導で内容項目を手掛かりとするときにも、その内容項目によっては、そこに含まれる道徳的価値を捉えて多面的・多角的に考えたり、その内容項目に含まれる道徳的価値に限らず、様々な内容項目に関わって考えたりすることが必要なときがあります。

例えば、内容項目［相互理解、寛容］の場合には、解説に、小学校中学年「相手のことを理解し、自分と異なる意見も大切にすること」、高学年「謙虚な心をもち、広い心で自分と異なる意見や立場を尊重すること」、中学校「それぞれの個性や立場を尊重し、いろいろなものの見方や考え方があることを理解し、寛容の心をもって謙虚に他に学び、自らを高めていくこと」と示されています。これらの内容から考えると、道徳科の授業では、自分の気持ちや考えだけでなく、相手の気持ちや考えを理解するような見方の必要性が見えてきます。また、相手の悪い面だけではなく、よい面も見ようとしたり、自分の主張だけではなく、自分の弱さや至らなさを見つめたりするようなことが必要であることに気付きます。さらに、学級の子供たちの実態を踏まえると、お互いが関わり合う以前の問題として、友達が自分の考えを押し通そうとしてきたときに、常に遠慮して自分の考えを言わずに譲ったり、友達と関わることを避けて、コミュニケーションがうまくとれなかったりするような姿が見られることもあります。このような場合には、［相互理解、寛容］の「自分の考えや意見を相手に伝える」ということの大切さを授業で考えることが重要であり、多面的・多角的に考えるもう一つの視点が加わってきます。

今度は、内容項目［伝統と文化の尊重、国や郷土を愛する態度］の特に「郷土を愛する」という道徳的価値で考えてみます。郷土を愛する心を育てるために、郷土の偉人や文化遺産、お祭りなど「ひと・もの・こと」への興味や関心から、郷土に誇りをもてるようにする指導が考えられます。子供たち一人一人の郷土を愛する心を支えている心には、どのようなものがあるのかを多面的・多角的に考えるような授業が有効です。

例えば、家族など生活を支えてくれている人々への［感謝］、あるいは、進んで郷土のために役立とうとする［勤労、公共の精神］、身近な自然に親しみ、自然環境を大切にする［自然愛護］、美しいものや気高いものへの［感動、畏敬の念］などが「郷土愛」を支えているものと考えられます。つまり、郷土を愛する心を支える道徳的価値も人それぞれ異なることから、これらの道徳的諸価値にわたって多面的・多角的に考え、郷土を愛する心を育む授業があってもよいでしょう。ねらいと異なる内容項目や道徳的諸価値を扱うことは、ねらいから外れているのではないかと心配されると思いますが、決してそのようなことはありません。教材等に描かれたある一つのルートで郷土を愛する心を育てようとする授業よりも、子供たちがこれまでの自分の体験から感じたり、考えたりしたことをもとに、自分自身との関わりで考えることができる自然な学びになると言えます。

道徳科の授業には主題があり、一般的には一つの内容項目に含まれる道徳的価値の意義について深く考えるような授業が行われています。ですから、例えば［友情、信頼］の授業であれば、その内容項目に含まれる道徳的価値について考えることを中心に授業が展開されます。このような授業で子供から「お互いが理解し合うことが大切です」という発言がありました。［友情、信頼］の授業では大切な考えの一つです。しかし、よく考えてみるとこの発言は［相互理解、寛容］という内容項目に近いと思われます。

では、このような子供の発言は、ねらいから外れるので取り上げない方がよいのでしょうか。そうではありません。子供にとって関係があると思うから発言しているのです。ねらいとする道徳的価値はしっかりと定めて授業を行いますが、その道徳的価値はなかなか単独で考えていくことが困難であり、一つの道徳的価値だけで話し合うことの方が不自然になります。反対に視野を広げて、様々な道徳的価値が関わっていることに気付き、それらが支えとなって一つの道徳的価値が実現することを学ぶことの方が大切です。さらに、このような多面的・多角的な見方や考え方を許容した授業であると、子供一人一人が大切にしている道徳的価値観を生かしながら授業を行うことにもつながります。

この他にも、内容項目によっては、様々な多面的・多角的な捉え方ができます。

> ○ねらいとする道徳的価値の様々な面を捉えて考える
> 　例：［生命の尊さ］を「偶然性」「有限性」「連続性」等の様々な面から捉えて考える
> ○ねらいとする道徳的価値を支える様々な根拠を考える
> 　例：［公共の精神］を支える道徳的価値には、［自由と責任］［感謝］［郷土を愛する態度］［自然愛護］等、人それぞれに様々な根拠があることを捉えて考える。

こうした授業により、子供が視野を広げて多面的・多角的に考えられるようになることで、答えが一つではない道徳的な課題を自分自身の問題と捉え、向き合うことができる子供を育てることができるのです。

③「虫の目」「鳥の目」「魚の目」

「虫の目」「鳥の目」「魚の目」という三つの目をもって物事を捉えることが大切だとい

う話をよく聞きます。「虫の目」とは、低い位置から細かなところを捉える目、「鳥の目」とは、上空から全体を俯瞰して捉える目、「魚の目」とは、流れに乗って変化を捉える目です。近寄って見たり、俯瞰して見たり、今の時点で見たり、時間をおいて見たりする中で、正面から見たり、側面や背面から見たり、合わせて見たり、比較して見たり、個で見たり、周りとの関係で見たりするなど、多面的・多角的な見方は多種多様にあります。このように見る位置を変えることによって、学習対象の捉え方の視野もその理解も間違いなく深まってきます。

④様々な立場に立って考える

誰でも自分を大切にするからこそ、自分を中心に物事を考えることが一般的だと思います。それが自己中心的な考えになってしまうことも少なくありません。そこで、自分の立場だけでなく、相手の立場に立って考えたり、第三者の立場に立って考えたりすることもよりよく生きていくためには必要なことです。そして人間関係に限らず、自然や動植物などの立場を考えたり、さらに視野を広げて、目では見ることのできない想像の世界、信じる世界にまで心を通わせたりしていくことも大切です。自分の中に、第1章のコラムで紹介したアンパンマンやばいきんまんが存在すれば、自分の心に向き合いそれぞれのつぶやきに耳を傾けることが必要です。とっさの判断と時間をおいてからの自分の考えは変化することもあり、後悔することも少なくありません。「自問自答」はよりよく生きる上では欠かせないことです。

> ○様々な立場に立って考える
> 例：「いじめる側」「いじめられる側」「傍観者」の立場で捉えて考える
> ○人間の弱さや強さを捉えて考える
> 例：諦めてしまいたくなるような心の弱さと、こんな自分になりたいという心の強さを捉えて考える
> ○時間の経過とともに変化する気持ちを捉えて考える
> 例：何かトラブルが起きたときの気持ちと、その後、冷静になって考えてみたときの気持ちを比べて考える

ねらいとする道徳的価値は、自分にとって、みんなにとってどのような価値のあるもの

で、そのために自分は、他者と共にどのような生き方をしていけばいいのか、どのような生き方をしたいのか、答えはすぐに見つかるものでもなく、迷いながらもよりよい生き方を求めていくためには、道徳科の学習として多面的・多角的に考える学びはとても重要であることが分かります。

言語活動の充実

多面的・多角的な考え方を生かすためには言語活動の充実を図ることが不可欠です。解説においては、次のように示されています。

児童が多様な感じ方や考え方に接する中で、考えを深め、判断し、表現する力などを育むことができるよう、自分の考えを基に話し合ったり書いたりするなどの言語活動を充実すること。

生徒が多様な感じ方や考え方に接する中で、考えを深め、判断し、表現する力などを育むことができるよう、自分の考えを基に討論したり書いたりするなどの言語活動を充実すること。その際、様々な価値観について多面的・多角的な視点から振り返って考える機会を設けるとともに、生徒が多様な見方や考え方に接しながら、更に新しい見方や考え方を生み出していくことができるよう留意すること。

小学校学習指導要領解説　特別の教科　道徳編　93ページ参照
中学校学習指導要領解説　特別の教科　道徳編　93ページ参照

例えば、教材の内容、登場人物の気持ちや行為の動機などを自分との関わりで考える。友達の考えを聞いたり、自分の考えを伝えたり、話し合ったり、書いたりする。さらに、学校内外での様々な体験を通して感じ、考えたことを、道徳科の学習で言葉を用いて表現する。これらの中で言葉の能力が生かされるとともに、道徳的価値の理解などが一層深められます。道徳科においては、このような言語活動を生かして学習を展開することが、子供自身が考えを深め、判断し、表現する力なども育む上で極めて重要になります。

一般的にこれまでの道徳科の授業では、読み物教材を活用することが多く、子供は、その教材に登場する一人の登場人物（主人公）に共感して気持ちを考えることが行われてきました。今後は、このような視点だけにこだわらずに、例えば、教材に登場する様々な人物の立場で考えてみたり、登場人物を客観的に捉えて考えてみたりするなどの工夫により、多面的・多角的な見方や考え方ができるようにすることが必要です。

子供は、そのときの状況から感じたことや考えたことを発言していく中で自分の考えを確かめていきます。その際、教師は、同じ考え、似ている考え、反対の考え等の多面的・多角的な子供の考えを黒板に整理していきますが、比べたりつなげたりしながら、その関係性を明らかにすることで、子供は自分の考えの立ち位置を知り、自分や友達の考えのよさや課題に気付くことができるようになります。このような多面的・多角的な考えを自己の生き方に生かしていくためには板書を構造的に整理することが求められます。

道徳科における「対話的な学び」や「協働的な学び」は、多面的・多角的な考えを基に話し合った結果、何らかの合意形成を図ることが目的ではありません。子供が様々な相手との対話を通して、自分自身の道徳的価値の理解を広げたり深めたりすることが目的です。

子供が将来、道徳的な選択や判断が求められる問題に対峙したときに、自分にとっても他者にとってもよりよい選択や判断ができるような資質・能力を養うということです。

自己の（人間としての）生き方についての考えを深める

道徳科の授業の後半では、小学校では自己の、中学校では人間としての生き方についての考えを深めていきます。自己の、あるいは、人間としての生き方についての考えを深めるとは、これまでの生き方やこれからの生き方を見つめ直したりするということです。

道徳科の授業では「自己を見つめ、物事を（広い視野から）多面的・多角的に考える」という「道徳的価値の自覚」を通して、小学生であれば、身近な集団の中で自分の特徴などを知り、伸ばしたい自己を深く見つめられるようにし、それとともに、これからの生き方の課題を考え、それを自己の生き方として実現していこうとする思いや願いを深めていくことになります。中学生にもなると、人生の意味をどこに求め、いかによりよく生きるかを考え、自ら生きる意味や自己の存在価値を追求していくことになります。

こうした生き方をただ漠然と考えるわけではありません。そこに、本時の授業でねらいとする道徳的価値があるからこそ、それを手掛かりとして考えを深めることができるのです。その道徳的価値は自分にとってどのような意味があるものなのか、また、どのように生かしていけるものなのかと自己内対話ができるようにします。そのことによって、道徳科の授業を終えたときに、子供が何か希望がもてたり、意欲を高められたりしていきます。反対に新たな課題に気付き、もやもやすることがあるかもしれません。しかしそのような変容も子供にとっては成長になります。このような学びが道徳科の学習では求められており、子供たちの道徳性を養っていくことになるのです。

ねらいとする道徳的価値を手掛かりにする

道徳科の授業で子供たちは、自己の、あるいは、人間としての生き方について、ねらいとする道徳的価値を手掛かりとしながら考えを深めていきます。それには、授業者の明確な指導の意図に基づく子供たちの振り返りが重要です。要するに、道徳科の授業では、子供たちの実態に基づき、現状に残されている課題について考えていくことが大切です。例えば、次のような課題が考えられます。

・道徳的価値のよさ自体にまだ十分に気付いていない状況が見られる
・道徳的価値の大切さはある程度理解されているが、何かが妨げとなって行動が伴わない状況がある
・対立するような道徳的価値のそれぞれの捉えが十分ではなく、間違った判断をすることが多い

このような子供たちの実態を踏まえ、道徳科では、どのようなことを考えられるようにするのかという授業者の明確な指導の意図をもち、授業の後半では、子供たちが課題に対してこれまでの自分を振り返り、これからの自己の、あるいは、人間としての生き方についての考えを深め、よりよい生き方をしていこうとする意欲を高めていくのです。

「深い学び」

授業の学習指導改善の視点として「主体的・対話的で深い学び」がキーワードになって

いますが、この「深い学び」のある授業とは、教師が明確な指導の意図をもち、道徳科の目標に示された学習活動（これは学習過程と言ってもよい）を大切にしながら授業を行い、単なる話合いにとどまらず、子供たちがその課題に対するよりよい生き方についての考えを深めることに向かう授業と言うことができます。

道徳科の授業の目標は、全教育活動を通じて行う道徳教育の目標と同様に、道徳性を養うことです。全教育活動を通じて行う道徳教育では、道徳的実践指導、つまり、してはいけないことについては「してはいけません」と直接行為を指導することも行われます。それに対して道徳科の授業では、直接行為を指導するのではなく、道徳的価値の意義などについて話し合います。しかし、話し合うこと自体が目的ではなく、目的は道徳性を養うために、道徳性を構成する諸様相（道徳的な判断力、心情、実践意欲と態度）を育てるということです。

ときどき、教材に描かれた対立する人物やその考えを取り上げ、子供たちにどちらの考えに近いのかを選ばせ、それぞれの考えを主張し合う授業を観ることがあります。これ自体は決していけないことではないのですが、道徳科で扱う事象は、そう簡単に白黒をつけられるものではありませんし、どちらか一方の考えを正解としてまとめられるものでもありません。だからこそ、相手を論破するような話合いは適切ではありません。話合いでは一つの事象に対する考えをみんなで出し合い、子供たちが多面的・多角的に考えられるようにします。しかし、子供たちから出された多面的・多角的な考えを確認して終わっては、その授業の目的は「話し合うこと」と言わざるを得ません。つまり、子供たち一人一人が、生き方について考えを深めるところにまではたどりついていないのです。これを「活動あって学びなし」の授業と言います。

学習指導過程やこの後取り上げる指導方法の工夫は、子供たちが積極的に表現できるようにするための工夫であり、それ自体は手段であり目的ではありません。子供たちが生き方についての考えを深める学習までをしっかりと行い、道徳的価値を手掛かりとして道徳性を養えるような授業を目指すことが深い学びのある授業と言えます。

何をどのように振り返るのか

道徳科の授業の後半では、授業のねらいとする道徳的価値を手掛かりとしながら、自己の、あるいは、人間としての生き方についての考えを深めていきます。では、実際にどのような方法で考えを深めていくのでしょうか。

このような活動を、学習指導過程の中では「振り返る」という言葉で表現しているのが一般的です。また、この振り返りの場面では、それまでは教材を活用しながら授業を進めてきましたが、教材から離れて自分の体験等を想起しながら、学んだ道徳的価値について自分の生活を振り返ることがよく行われます。このような工夫をすることで、教材のことだけでなく、自分の生活、あるいは、生き方にも生かせるようになります。その道徳的価値の汎用性を見つけると言ってもよいかもしれません。

では、実際の授業では、どのように振り返っていけばよいのかを考えていこうと思います。

ある授業場面の一例です。

「みなさんはこれまでに親切にしてよかったなと思ったことはありますか」
「みなさんがきまりを守れたときのことを教えてください」
「生命は大切だと感じたのはどんなときですか」
「みなさんが美しいと感じたものは何ですか」

いきなり教材から離れて自分の生活場面で考えようとしても、それ以前に教材を活用しながらしっかりと道徳的価値の意義について理解できていないと振り返ることは困難です。教材の内容について理解することは大切なことですが、それは、道徳科のねらいを達成するために教材を活用しているのであって、教材の理解は必要条件であり、十分条件ではありません。

ですから、自分の生活を振り返る前に、教材理解から道徳的価値の理解へのターニングポイントでの配慮が必要になります。その配慮は、振り返るところではありません。振り返る前に道徳的価値の意義を直接問うような発問をするなどして、しっかりと道徳的価値のよさや難しさなどが理解できると、子供たちにとっての充実した振り返りに結び付いていきます。

書く活動

子供たちが自己の、あるいは、人間としての生き方を振り返るための様々な指導の工夫がありますが、「書く活動」が取り入れられることが多いようです。「書く」ということは、自分の考えを文字にした瞬間から、自分の考えを客観的に見つめることになります。学習の中に、子供たちが自分を見つめ直す時間と空間をしっかりと確保し、書く活動などを用いて、本時の学習で学んだことを基に、自己の生き方についての考えを深めていけるようにします。これまでの自分はどんな考えをもっていたのか。友達の考えを聞いてどんなことを考え、どんなことに気付いたのか。これまでの自分の考えのよさや確かさを確認することもあれば、自分の考えの至らなさに気付くこともあるでしょう。

小学校1年生は、入学してしばらくはなかなか文章で表現することが難しいと思います。このような場合には、教材から離れて、教師が具体的な生活場面などを絵や画像で示し、「こんな場面だったら、どうする?」と聞いてみるのも一つの手段です。道徳科では行為を求めることはしませんが、低学年には「どうする?」と聞いた方が子供たちにとっても分かりやすいことがあるので、「どうする?」と絶対に聞いてはいけないと限定しない方がよいと思います。ただし、行為を聞いたら、その根拠となる気持ちや考えを問い返し、確かめていくようにするとよいでしょう。

子供たちが、道徳科の授業でねらいとする道徳的価値を学び、書く活動を通して自己の、あるいは、人間としての生き方についての考えを深めた例を紹介します。

○見守ることも大切。声をかけることも大切。ぼくは、声を出すことができたらいいなと思いました。［親切、思いやり］

文部科学省『わたしたちの道徳　小学校三・四年』『心と心のあく手』より

○勉強することは大切ですが、それだけでは分からない人間関係や生きていく中でのつらさなどを知ることで、全てを受け入れて前向きに生きていけるものだと思います。勉強も人間的な部分も、両方からたくさんのことを学んで成長していきたいです。［よりよく生きる喜び］

文部科学省『私たちの道徳　中学校』『二人の弟子』より

いかがでしょうか。これらの子供たちの言葉から、それぞれの内容項目に対する教師の指導の意図は見えてくるでしょうか。

さて、ここまでが、道徳科の「主体的・対話的で深い学び」、言い換えれば「考え、議論する道徳」となります。「考え、議論する道徳」と言っても、何でも話し合えばよいということではありません。まず一人一人が考える、つまり自分の感じ方、考え方を明確にします。その後、議論して多様な感じ方、考え方と出合い交流し、自分の感じ方、考え方をより明確にしていきます。自分の考えが確かな場合もありますし、自分の考えはこんなところが少し欠けていたなと思うときもあります。

また、「主体的な学び」とは、特別な指導方法があるわけではなく、子供一人一人が真剣に学び、一生懸命考えるということです。ペアやグループで共に語り合うことは「対話的な学び」の手段の一つであり、そのこと自体が「対話的な学び」の目的にはなりません。目的は、様々な考え方を自分の中に取り入れ視野を広げていくということです。「深い学び」とは、取り入れた様々な考え方を自分の中で吟味し、自分が大切にしたいこと、つまり、自己の、あるいは、人間としての生き方についての考えを深めることです。これが、「主体的・対話的で深い学び」ということになります。

「考え、議論する道徳」「主体的・対話的で深い学び」、どちらも学習指導改善の視点を表す言葉として用いていますが、その中身は、道徳科の目標に示されている「道徳的諸価値についての理解を基に、自己を見つめ、物事を（広い視野から）多面的・多角的に考え、自己の（人間としての）生き方についての考えを深める学習　※カッコ内は中学校表記」

となります。

これらの学び自体は目的ではなく手段です。目的は道徳性を養うことです。それは道徳的な判断力、心情、実践意欲と態度を育てることであり、目の前の子供たちの実態によって、毎回毎回の道徳科の授業で育てる道徳性の様相も変わり、授業者である教師が授業のねらいを決め、明確な意図をもって授業を行います。学ぶべきことは、教師が押し付けるものではありません。子供自身が自分の心からわき上がってくる主体的なものを大切にしなければなりません。

道徳性は1単位時間でそう簡単に養われるものではありません。長期的な展望と綿密な計画に基づいた丹念な指導がなされて、あるいは道徳科の授業だけではなく、全教育活動を通じて行う道徳教育との関連を図って指導することによって道徳性が効果的に養われ、道徳的行為を実践できる子供を育てることができるようになるのです。

指導方法を工夫する

指導方法の工夫は、道徳性を養うために行われる学習活動をより効果的に行うための手段であり、指導方法の工夫そのものが目的になることはありません。

手段としての指導方法の工夫

道徳科の授業では、「主体的・対話的で深い学び」を視点とした学習指導改善により、子供一人一人がねらいとする道徳的価値を手掛かりとしながら道徳性の様相を育てていく学習活動が求められています。その学習活動を端的に言えば、道徳科の目標に示されている「道徳的諸価値についての理解を基に、自己を見つめ、物事を（広い視野から）多面的・多角的に考え、自己の（人間としての）生き方についての考えを深める学習」であることはこれまでも繰り返し述べてきたところです。このような道徳性を養うための学習活動を子供たちが決められた時間内で効果的に行えるようにするための手段として指導方法の工夫があります。

この指導方法の工夫については、すでに第４章の中でも「発問の工夫」「話合いの工夫」「書く活動の工夫」「板書の工夫」など、学習活動の意図を説明しながら適宜紹介してきたところです。

例えば、解説の第４章第２節「道徳科の指導」の３「学習指導の多様な展開」の(4)「道徳科に生かす指導方法の工夫」にも、様々な指導方法の工

段階	学習活動・主な発問	予想される子供の反応	指導上の留意点
導入	・実態や問題を知る。		・道徳的価値について、問題意識をもつ。
展開	・教材を活用して、道徳的価値を理解し、よりよい生き方を考える。	指導方法の工夫	・自分自身との関わりで考える。 ・多面的・多角的に考える。 ・自己の（人間としての）生き方についての考えを深める。
終末	・よりよい生き方の実現への思いや願いを深める。		・道徳的価値の意義を理解し、自己の生き方に生かす。

夫が例示されています。また、国の施策である「ＧＩＧＡスクール構想」により、ＩＣＴの積極的な活用、特に一人一台端末の活用が求められているので、改めてこれらの指導方法の工夫を紹介したいと思います。

道徳科に必要な学習活動が理解できたみなさんは、道徳科の学習のどのような場面で工夫できるのかということを考えながら読み進めていただきたいと思います。

①教材を提示する工夫

子供がよりよい生き方を学ぶ上で、道徳的価値の意義を深く考えていくためにも、教材を提示して共通の条件や状況の下で話し合います。そのため、例えば読み物教材の場合には、教師による読み聞かせ（範読）が一般的に行われています。もちろん子供は、教師の音声に耳を傾けながら教科書の文字を追って教材の内容を理解していきますが、子供によっては、音声や文字よりも絵があると理解しやすい場合があります。そこで、電子黒板や紙芝居等によって教材を提示することも考えられます。

②発問の工夫

　子供の思考や話合いを深める上で重要なものです。その発問の仕方は「○○（登場人物）は、どのような気持ちでしょうか」と限定されるものではないことは前述した通りです。発問によって子供の問題意識や疑問などが生み出され、多様な感じ方や考え方が引き出されます。考える必然性や切実感のある発問、自由な思考を促す発問、物事を多面的・多角的に考える発問などを心掛け、その目的によって言葉を選び、問い方を工夫することが大切です。

③話合いの工夫

　子供相互の考えを深める中心的な学習活動を促すためにも大変重要なものです。考えを出し合う、まとめる、比較するなどの目的に応じた効果的な話合いが行われるように工夫します。そのための座席の配置の工夫、ペアやグループなどの人数の工夫などが考えられるところです。意図もなく、ただペアやグループでの話合いを行うものではありません。学級全体に何でも言い合えるような雰囲気があれば、あえてペアやグループにする必要はないかもしれません。しかし、人数が少なくなるほど話す機会が増え、発言しやすくなるのも確かなことです。

④書く活動の工夫

必ず行わなければならないというものではありません。また、子供の学習状況の見取りとして評価の資料とするために書く活動を取り入れるのも本来の目的ではありません。書く活動は、子供自らが考えを深めたり、整理したりする機会として重要な役割を担っているからこそ取り入れる価値のある活動と言えます。しかし、何でも書かせればよいというわけではありません。その意義をしっかりと理解した上で、書く活動に必要な時間と空間を十分に確保し、子供が自分自身とじっくりと向き合うことができるようにすることが大切です。また、この時間は、教師が子供を個別に指導できる重要な機会でもあるということを忘れてはいけません。

⑤動作化、役割演技など表現活動の工夫

子供が表現する活動の幅を広げることは大切なことです。授業中の発言がほとんどない、文章表現が得意ではない、表情にも表れにくい子供もいるからこそ、どのような工夫をす

れば、子供が自分の気持ちや考えを表現しやすくなるのか、そのことを考えることが大切です。子供に動きや言葉を模倣させ理解を深める動作化の工夫、特定の役割を与えて即興的に演技する役割演技の工夫、所作、その場に応じた身のこなし、表情などを選んで自分の考えを表現するなどの工夫が考えられるところです。

⑥板書を生かす工夫

板書は、子供が思考を深める重要な手掛かりとなるもので、学習の目的や考える順序、考え方の構造や考えさせたいことを印象付けるなど、多様な機能をもっています。板書の機能を生かすために重要なことは、単に授業の流れに沿って記録に残すだけの板書にならないようにすることです。教師が明確な意図をもって対比的に示したり、中心部分を浮き立たせたりするなどの工夫が必要です。また、一人の子供の発言は全体のどこに位置付くのか、他の子供の考えと同じなのか違うのか、違う場合にはどのくらい違うのかなど、例えば思考ツールなどを活用して構造的に示すのも有効です。しかし、思考ツールを活用することを目的としてしまうと、教師が板書をつくることが形ばかりのものになってしまうので気を付けなければなりません。

⑦説話の工夫

説話自体は必ず行わなければならないというものではありません。説話とは、教師が、体験や様々な事象についての所感などを語ることで、子供たちが道徳的価値をより身近に捉え、考えられるようにするものです。教師が意図をもってまとまった話をすることは、子供が思考を一層深めたり、考えを整理したりするのに効果があります。子供が生き方の課題を考え、それを自己の生き方として実現していこうとする思いや願いを深めたり、道徳的行為の実践への意欲を高めたりできるようにすることが説話の目的になります。

⑧ＩＣＴの活用

国の施策である「ＧＩＧＡスクール構想」により、子供一人一台端末の活用が急速に進められました。そこで、道徳科の授業においてもＩＣＴの活用が考えられるところです。道徳科では、答えが一つではない道徳的な課題を一人一人の子供たちが自分自身の問題と捉え、向き合う、「考え、議論する道徳」への転換が求められています。指導に当たっては、道徳科の目標に示されている学習活動に着目し、こうした学習がより効果的に行われるようにするための手段として、ＩＣＴを活用することが肝要です。

特に道徳科では、視野を広げて、多面的・多角的に考えることが大切です。そのためにも、子供たちが、①自分の考えをもつ、②他者の考えを知る、③他者と議論する、④全体で共有する、こうした学習活動を行うことが考えられます。このような学習活動において、ＩＣＴ端末をどのように活用すると、時間の短縮とともに効果的な学習を促すことができるでしょうか。

例えば、〔規則の尊重〕と〔親切、思いやり〕など、複数の道徳的価値の間の対立から生じる問題について、自分の考えをもち、それを端末のグラフに位置で示すと、他者の考えもあっという間に集められて知ることができます。これらを見比べながら他者と議論することで、多様な感じ方や考え方に接することができます。ここで議論された考えなどを全体に映し出して共有すれば、物事を一つの見方だけではなく、視野を広げて多面的・多角的に考えることができるようになります。

また、道徳科では、道徳的価値について自分自身との関わりで考えを深めることが大切です。そのためにも、子供たちが、①他者と議論する、②自己を見つめる、③それを教師が把握する、④全体に紹介する、こうした学習過程が考えられます。このような学習活動においで、ＩＣＴ端末をどのように活用すると、時間の短縮とともに、効果的な学習を促すことができるでしょうか。

例えば、［正直、誠実］など、一つの道徳的価値を実現したり、実現できなかったりする場合の感じ方、考え方は一つではありません。多様であるということを、他者と議論することを通して理解し、その上で、自己を見つめ、じっくりと自己の、あるいは、人間としての生き方についての考えを深めていくために書く活動を取り入れます。端末に書けば、教師は全員の内容を把握することができ、様々な感じ方や考え方を意図的に全体に紹介することができますし、時には子供たちに考えを聞いてみたい子供を選んでもらうこともできます。

令和の日本型学校教育

次ページに表したものは、一般的な道徳科の学習指導過程です。道徳性を養うための学習の目的をしっかりと捉え、その目的を果たすための学習活動に着目し、その学習活動をより効果的に行うためにＩＣＴを効果的に活用することが求められます。

例えば、画像や映像、表やグラフなどを大きな画面に示すなどが考えられます。これらの活用にあわせて一人一台端末の効果的な活用を考えることが重要です。自分の考えをもつ、他者の考えを知る、自己を見つめるなど、こうした活動でICT端末を活用することで、考えを共有したり、蓄積したりすることが大変しやすくなります。

全ての活動にICTを活用すればよいということではありません。他者と共有した自分の考えを基に、しっかりと顔と顔を向き合わせて話し合うことも道徳科では大切な学習活動と言えます。

これらのICTの活用を含め、指導方法の工夫は全て、道徳科の授業で子供が道徳性を養うための手段です。

教師は、指導方法の工夫によって子供の「主体的・対話的で深い学び」を支援します。

道徳科の学習指導過程でのICT活用例

段階	学習の目的	主な学習活動	ICTの活用例
導入	・実態や問題を知る。	・道徳的価値について、問題意識をもつ。	・実態や問題の提示 （画像や映像、グラフ等）
展開	・教材を活用して、道徳的価値を理解し、よりよい生き方を考える。	・自分自身との関わりで考える。 ・多面的・多角的に考える。 ・自己の（人間としての）生き方についての考えを深める。	・教材の提示 （画像や映像等） ・自分の考えをもつ （タブレットに示す） ・他者の考えを知る （タブレットに共有する） （表やグラフ等） ・話し合う（対話） ・自己を見つめる （タブレットに蓄積する）
終末	・よりよい生き方の実現への思いや願いを深める。	・道徳的価値についての自己実現への意欲を高める。	・生活の様子の提示 （画像や映像等） ・外部の方の言葉の提示 （画像や映像等）

今日の授業では「役割演技を取り入れよう」「グループでの話合いを取り入れよう」「ICTを活用しよう」と、本来手段であるはずの指導方法を、授業で行うことの目的にしてしまうと、教師主体の授業になることがよくあります。

何のために指導方法を工夫するのか、答えが一つあるとするならば、それは、子供主体の授業を行うためだと言えるでしょう。これからも子供の発言を傾聴し、子供一人一人に配慮するならば、どんな指導が適切で効果があるのかを追求することが大切です。

「手段」を「目的」にしてはいけません。「目的」を踏まえて「手段」を考えます。

授業に決められた形があるわけではありません。教師は指導方法など様々な工夫をして、子供一人一人の学びを保障します。

こうしたことで、多様な子供たちを誰一人取り残すことなく育成する「個別最適な学び」と、子供たちの多様な個性を最大限に生かす「協働的な学び」の一体的な充実が図られることになり、「令和の日本型学校教育」における道徳科の授業につながっていきます。

子供の学習評価を行う

道徳科の授業のみで子供の道徳性が養われたか否かを評価するのは困難なので、道徳科の学習状況を見取り、認め、励ます評価をします。

道徳科の評価

指導があれば評価は自ずとついてくるものです。このことを「指導と評価の一体化」と言っています。道徳科の評価についてですが、評価と言っても、子供の学習状況を見取る評価もあれば、授業者である教師が自らの授業を振り返る評価もあります。ここでは、まず、前者の授業で子供の学習状況を見取る評価について考えていきたいと思います。

道徳科の評価の基本的な捉え方ですが、道徳科の授業は道徳性を養うために指導を行っています。ですから、他の教科等と同じであれば、その指導で子供の道徳性がどれだけ養われたかを見取って評価をするということになろうかと思います。例えば、「誰に対しても同じように接することができ、優しい心が育ちました」とか「いつも明るく笑顔で挨拶ができる、礼儀正しい子供です」といったものが道徳性の評価になります。

しかし、授業を通して子供に道徳性が養われたか否かは、道徳科の授業でどこまで分かるものなのでしょうか。例えば、授業中、ねらいとする道徳的価値について肯定的に捉えた発言や文章表現が見られれば、道徳性が養われたと言えるのかと考えれば、そう簡単に言い切れるものではないことに気付くことでしょう。

道徳的価値のよさに気付くことはとても大切なことですが、そのことイコール道徳性が養われたということではありません。道徳性とは、知的な理解だけではなく、様々な体験を通して培われていくものです。つまり、授業だけで見取れるようなものではないということです。

道徳性の評価

　では、子供たちの道徳性については評価できないのか、これまでも評価はしていないのかというと、実はしてきていることがあります。道徳科の授業での評価とは異なりますが、全教育活動の中で子供たちの様子を見取って評価するということです。

　全教育活動ですから、教科等の授業の様子はもちろんのこと、教科等以外の、例えば休み時間や清掃活動、給食の時間や登下校、また、運動会や学芸会等の学校行事、部活動など、あらゆる場面で子供一人一人の言動や行為を含めた様子を見ていると、子供一人一人の道徳性のよさが滲み出てくるものです。

　こうした子供の様子を見取り、認め、励ますような評価はしてきているものと思われます。こうした評価の中でも記録に残すものとしては、法的根拠のある指導要録や各学校で作成しているいわゆる通知表では「自主・自律」「思いやり・協力」「公正・公平」などの行動の記録の観点に丸を付けるという評価をしています。これは子供の道徳性に関わる評価です。

しかし、こうして丸を付けるだけではよいところを十分に評価しきれません。ですから「最後まで諦めずに粘り強く努力することができるようになりました」というふうに、一人一人の道徳性のよいところを見取り、総合所見などに記述で評価をし、記録に残すこともしています。

このように記録に残すための評価だけでなく、その都度、子供に声をかけて評価できれば、子供の自尊感情は高まり、ますますそのような子供に育っていくものです。ですから、あらゆる教育活動において子供の様子を見取り、積極的に評価をすることはとても大切なことです。評価をすることも道徳的教育と言っても過言ではありません。

道徳科の授業で見取る子供の評価

さて、話を道徳科の評価に戻したいと思います。道徳科では道徳性がどれだけ養われたのかを評価することは容易ではないことから安易に道徳性の評価はしないということです。道徳科の評価では、子供たちが道徳科の授業でどのように学んでいるか、その学びの姿、つまり、学習状況やその成長の様子を見取って評価するということになります。

これまでの道徳の時間が特別の教科となって新たに加わったのが、この道徳科の授業で子供を見取る評価です。解説には次のように示されています。

> 児童（生徒）の学習状況や道徳性に係る成長の様子を継続的に把握し、指導に生かすよう努める必要がある。ただし、数値などによる評価は行わないものとする。

※小学校学習指導要領解説　特別の教科　道徳編　107ページ参照
※中学校学習指導要領解説　特別の教科　道徳編　109ページ参照

ここで注目したいのが「継続的に」という言葉です。この意味は、1単位時間の授業では簡単に評価できるものではないので継続的に授業を行って評価しましょうということです。「学習状況」とは、学んでいる姿を見取るということです。「道徳性に係る成長の様子」という言葉は、ややもすると道徳性を評価するものと受け取ってしまうかもしれませんが、そのような意味ではありません。「道徳性に係る」という言葉は、まず、「道徳性を養うために行う学習」という意味があり、もう少し詳しく言えば、ねらいとする道徳的価値について、一面的な見方から多面的・多角的な見方をしたり、自分自身との関わりの中で深めたりしながら理解し、自己の、あるいは、人間としての生き方についての考えを深めるという学習になります。このような学習状況の成長の様子ということになります。

さらに、「成長」という言葉を修飾している「道徳性に係る」という言葉は、成長ですから、グラフで言うと右肩上がりをイメージされるかもしれません。しかし、後悔したり、挫折を味わったり、反省したり、新たな課題を見つけたりするようなこと、グラフで言えば下がっていくようなイメージも、これから生きていく上では大切なことであるので、このような学びも成長の一つということを「道徳性に係る」という言葉で表現しています。

このように子供の学習状況から見取った評価は、数値で表せるようなものではありません。数値と同様に、ＡＢＣ評価や二重丸、丸、三角などの評価もふさわしくありません。

道徳科の評価の在り方は次の６点です。

①数値などによる評価は行わず、記述式とすること
②個々の内容項目ごとではなく、つまり1単位時間のみで評価できるものではなく、

年間や学期といった大くくりなまとまりで見取って評価をすること
③他の子供と比較したりはせず、一人一人の子供がいかに成長したかを受け止めて認め、励ます個人内評価として行うこと
④学習状況で特に重視しているのが、多面的・多角的な見方へと発展しているか、道徳的価値の理解を自分自身との関わりの中で深めているか、ということ
⑤発達障害等のある子供が抱える学習上の困難さに配慮すること
⑥調査書に記載せず、入学者選抜の合否判定に活用することのないようにすること

※小学校学習指導要領解説　特別の教科　道徳編　109～113ページ参照
※中学校学習指導要領解説　特別の教科　道徳編　111～115ページ参照

第2章「道徳科の基礎知識」でも触れたように、授業のねらいは、一般的に、前半に道徳的価値、後半に道徳性の様相を端的に示すことにしています。このようなねらいをもって、その内容項目を手掛かりとして道徳性の様相を育てる授業をしています。ですから、このようなねらいがあれば、当然、道徳的価値がどれだけ理解できたか、あるいは、道徳

性の様相がどれだけ育ったかと評価をしたくなるものです。

しかし、教師はねらいを設定して授業に臨んでいても、そのねらいをゴールとして子供の評価を行わないのです。行えないと言った方が正しいかもしれません。道徳性、つまり、その様相である道徳的な判断力や心情、実践意欲と態度などが育ったかどうかは、授業だけで見取るのは困難だからです。

さらに、ねらいとする道徳的価値が理解できたかという評価の視点も設けたくなるところですが、このような評価の視点を設けてしまうと、おそらく発言や文章表現をもって、知的な理解のみで評価をしてしまうことになりかねません。それは道徳科の評価としては求めていないのです。何と言っても、道徳的価値の理解とは、価値理解だけではなく、人間理解や他者理解も必要だからです。

そこで、何を見るか、どのようなことを評価の視点にするかというと、特に重視しているのが、前述した評価の在り方の④に示した「多面的・多角的な見方へと発展しているか」「自分自身との関わりの中で深めているか」ということになります。しかし、このような学習状況は、道徳科の授業でなくても各教科等の学習で見られるものです。そこで、道徳科の評価ですから、道徳科の授業ならではの評価、それは、道徳的諸価値の理解に基づいて、多面的・多角的な見方をしたり、自分自身との関わりで考えたり、自己の、あるいは、人間としての生き方についての考えを深めたりするという姿を見取って評価していきます。このことが前述した「道徳性に係る」という言葉の意味でした。決して、道徳性を評価するという意味ではありません。道徳科の授業ならではの子供たちの学びの姿を評価します。継続的に行いながら、その成長の様子も見取って評価をしていきましょう。

評価するための子供への配慮

こうして、自分自身との関わりや、多面的・多角的に考えられる授業を継続的に行うことによって、子供たちの評価として見取れる資料が蓄積されていきます。毎回の授業で全員を把握することは困難だと思いますが、蓄積した様々な資料の中から、個人の突出している学習の姿を見つけて評価したり、ある子供の蓄積された資料を見渡して道徳性に係る成長の様子を評価したりすることができます。そのために、どのようなものが評価の資料になるのかを考えることがとても大切です。

評価で特に配慮すべきことは、前にも触れましたが、授業中の発言がほとんどなかったり、文章表現が得意でなかったり、表情にも表れにくかったりする子供たちについて、どのように見取って評価をしていくのかということです。さらには、発達障害、海外から帰国したり、日本語習得に困難があったりする子供もいます。このような子供たちに配慮して、どのように評価をしていくのかということですが、ただ単に、授業中の学習状況を注視していこうとするだけでは困難かと思います。やはり、視野を広げて多面的・多角的に考えたり、道徳的価値を自分自身との関わりで考えたり、自己の、あるいは、人間としての生き方についての考えを深めたりするような道徳性を養うための大切な学習活動を効果的に行うための指導方法を工夫することこそが、結果的には子供たちが表現しやすくなり、学習状況の把握にもつながっていきます。

例えば、ペアやグループでの話合い、役割演技、書く活動などを取り入れたり、ネームプレートを貼って自分の考えをしっかりもてるようにしたり、気持ちや考えを色で表現できる教具を活用したりするなど工夫すると、子供たちも、発言、つぶやき、表情、表記など、何らかの形で自分の気持ちや考えを表現できると思います。もちろん、グループでの話合いや書く活動を行っているときに、表現が苦手な子供のそばに行って、様子を観察したり、話しかけてみたりすることも必要です。

道徳科の評価については、学校や学年で評価のために集める資料や評価方法等を明確にしたり、評価結果について教師間で検討し、評価の視点などについて共通理解を図ったりして評価に関する実践事例を蓄積していくことは、評価の妥当性や信頼性、評価する教師の自信や負担感軽減にもつながっていきます。

また、ＩＣＴを効果的に活用することができます。例えば、子供が、自己を見つめ、自己の、あるいは、人間としての生き方についての考えを深めるために書く活動を取り入れ、ＩＣＴ端末に記録を継続的に残していけば、子供自身が学びを振り返り、自らの成長を実感することができるとともに、教師は、子供の蓄積された記録を基に評価をすることができるようになります。

授業に対する評価を行う

教師が自らの授業を振り返り評価をすることは、一人一人の子供に配慮しながら子供の道徳性を養うための学習を行う上で、欠くことのできない大切なことです。

授業の評価

子供の学習状況を見取って評価をするからこそ、評価ができるような「主体的・対話的で深い学び」のある道徳科の授業を目指していかなくてはなりません。その大切な学習活動こそが、道徳科の目標で示されている「道徳的諸価値についての理解を基に、自己を見つめ、物事を（広い視野から）多面的・多角的に考え、自己の（人間としての）生き方についての考えを深める学習」なのです。

そのためにも互いに授業を見合い、校内研修などを行って授業を振り返ることは授業改善にもつながります。こうしたことも道徳科の評価と言います。正確に言うと「授業に対する評価」です。今回の授業は、問題意識がもてるような導入だったか、多面的・多角的に考えるためのＩＣＴの活用や板書の工夫は効果的だったか、自分自身との関わりで考えるための発問は適切だったかなどを振り返ります。

解説の第５章第３節「道徳科の授業に対する評価」の２「授業に対する評価の基本的な考え方」には、次のような評価の観点が例示されています。

ア　学習指導過程は、道徳科の特質を生かし、道徳的（諸）価値の理解を基に自己を見つめ、自己の（人間としての）生き方について考えを深められるよう適切に構成されていたか。また、指導の手立てはねらいに即した適切なものとなっていたか。

イ　発問は、児童（生徒）が（広い視野から）多面的・多角的に考えることができる問い、道徳的価値を自分のこととして捉えることができる問いなど、指導の意図に基づいて的確になされていたか。

ウ　児童（生徒）の発言を傾聴して受け止め、発問に対する児童（生徒）の発言などの反応を、適切に指導に生かしていたか。

エ　自分自身との関わりで、物事を（広い視野から）多面的・多角的に考えさせるための、教材や教具の活用は適切であったか。

オ　ねらいとする道徳的価値についての理解を深めるための指導方法は、児童（生徒）の実態や発達の段階にふさわしいものであったか。

カ　特に配慮を要する児童（生徒）に適切に対応していたか。

（※傍線は筆者）

※小学校学習指導要領解説　特別の教科　道徳編　115〜116ページ参照
※中学校学習指導要領解説　特別の教科　道徳編　117〜118ページ参照

ここで示されている評価の観点以外にも振り返ることがあろうかと思います。例えばそれぞれの学校として、道徳科の授業にどのような課題があるのかを話し合い、研究のテーマとして掲げて取り組むなどすれば、研究授業でも焦点を絞って協議をすることができるようになります。

指導と評価の一体化

道徳科の目標は道徳性を養うために道徳性の諸様相である道徳的な判断力、心情、実践意欲と態度を育てるということでした。ですから、道徳科の授業のねらいとして、例えば次のように、ねらいとする道徳的価値や道徳性の様相を端的に表したものを記述することとしています。

○小学校第1・2学年
［善悪の判断、自律、自由と責任］の例
　よいことと悪いこととの区別をし、よいことを進んで行おうとする判断力を育てる。
○小学校第3・4学年
［親切、思いやり］の例

相手のことを思いやり、進んで親切にしようとする心情を育てる。

○小学校第5・6学年

［規則の尊重］の例

きまりを守ることの大切さを理解し、進んできまりを守ろうとする実践意欲と態度を育てる。

○中学校

［よりよく生きる喜び］の例

自分の弱さや醜さに向き合い、それらを克服しようとする強さや気高さに気付くことで、人間として生きることに喜びを見いだそうとする態度を育てる。

「指導と評価の一体化」と言われているからこそ、道徳科の授業で道徳性の様相が育ったかどうかを見取って評価し、指導に生かしていきたいところですが、第2章「道徳科の基礎知識」で前述したように、道徳性とは、人間としてよりよく生きようとする人格的特性であり、道徳的判断力、道徳的心情、道徳的実践意欲及び態度を諸様相とする内面的資質です。このような道徳性が養われたか否かは、授業のみで容易に判断できるものではありません。そこで、道徳科では、道徳性を養うための学習活動に着目し、子供の学習状況や成長の様子を適切に把握し評価することが求められています。この学習状況とは、子供が授業で学んでいる姿であり、道徳科の目標に示されている学習活動、言い換えると「道徳的諸価値についての理解を基に、自己を見つめ、物事を（広い視野から）多面的・多角的に考え、自己の（人間としての）生き方についての考えを深める学習」によって表れる子供の様々な学びの姿です。例えば、次のような子供の学習状況を想定することが考えられます。

- ・道徳的価値のよさや難しさを考えている
- ・道徳的価値について、一つの見方ではなく、様々な角度から捉えて考えている
- ・道徳的価値について、自分のこれまでの体験から感じたことを想起して考えている
- ・道徳的価値の大切さに気付き、これからの自分の生き方に生かそうとしている　等

このような子供の学びの姿は、まさに道徳科の授業で道徳性を養うためにも大切なものです。中でも、学習活動において子供が道徳的諸価値やそれらに関わる諸事象について他

者の感じ方や考え方に触れ、自律的に思考する中で、一面的な見方から多面的・多角的な見方へと発展しているか、また、道徳的価値の理解を自分自身との関わりの中で深めているかといった点を重視することとしています。それは、子供が、多面的・多角的な見方へと発展させていくことができれば、あらゆる物事を視野を広げて考えられるようになりますし、自分自身との関わりで考えを深めることができれば、常に自分を客観視することができるようになるからです。よりよく生きるための基盤となる道徳性を養うためには、どちらも大切な学習の要素となります。

このことは、道徳科の目標に示されている学習活動に着目して評価を行うということと言えます。子供が「自己を見つめ」「多面的・多角的に」考える学習活動において、「道徳的諸価値についての理解」と「自己の（人間としての）生き方についての考え」を相互に関連付けることによって、深い理解や考えとなっていきます。こうした学習における一人一人の子供の姿を把握していくこと、これが、子供の学習状況を見取る道徳科の評価の視点となるのです。

道徳科の授業で見取る子供の学習状況の評価は、評価の「視点」としています。一般的に評価では「観点」という言葉が用いられますが、あえて「視点」という言葉を使っていることには理由があります。本章の「主体的・対話的で深い学び」で触れたように、全ての教科等では学習評価の改善を図り、育成を目指す資質・能力の三つの柱を踏まえて、「知識・技能」「思考・判断・表現」「主体的に学習に取り組む態度」という三つの観点で観点別評価をすることとしています。しかし、道徳科では、子供の人格そのものに働きかけ、道徳性を養うことを目標としていることから、このような観点別の評価は妥当ではありません。また、道徳性を構成する諸様相である、道徳的な判断力、心情、実践意欲と態度のそれぞれについて分節し、学習状況を分析的に捉える観点別評価を通じて見取ろうとすることもなじみません。このようなことから、子供の学習状況及び成長の様子を見取る評価では、評価の「観点」ではなく「視点」としています。

評価の視点を生かした道徳科の授業の質的転換

意図もなく行った授業では、一人一人の子供が主体的に道徳性を養うことはできませんし、子供の学習状況を観察して評価することもできません。教師は、その授業のねらいとする道徳的価値の理解に基づき、子供が一面的な見方から多面的・多角的な見方へと発展させられるように、また、道徳的価値の理解を自分自身との関わりの中で深められるように、つまり、「主体的・対話的で深い学び」あるいは、「考え、議論する道徳」の視点から授業改善を図り、学習指導過程や指導方法を工夫しながら道徳科の授業を行うことが大切です。こうした指導の工夫によって、子供が主体的に道徳性を養うための学習が可能となり、その学習状況を見取って評価するのです。これが評価の視点を生かした道徳科の授業の指導となります。

単に、道徳科の評価と言っても、そこには、子供の学習状況及び成長の様子を見取る評価と、教師自身が自らの授業を振り返り、改善していくための授業に対する評価があることは前述した通りです。道徳科では、子供一人一人が道徳性を養うために、道徳科の目標に示されている学習活動をしっかり行うことが求められます。そのため、教師は、例えば常に自らの授業を振り返りながら指導を評価し、質の高い授業を目指していかなければなりません。その具体例は、本章の授業に対する評価で前述した通りです。

評価の対象となる子供の学習状況は、当然、指導の工夫によって変わるものです。だからこそ、道徳科における子供の学習状況の把握とそれに基づく評価は、教師が明確な指導の意図をもって授業の中で実施されることが重要であり、その評価は、次の指導に生かされ、子供の成長につながるものにならなければいけません。このことを「指導と評価の一体化」と言います。

指導と評価の一体化の具体

道徳科における子供の評価は、学習状況を見取ることから始まります。しかしその学習が、授業のねらいとする道徳的価値を手掛かりとして道徳性を養うための学習になっていなければ、道徳科の目標を達成することはできません。そのために、教師は授業を構想するに当たって①②③の三つの点を押さえる必要があります。

①ねらいや指導内容についての教師の捉え方
②それに関連する子供のこれまでの学習状況や実態と教師の願い
③使用する教材の特質やそれを生かす具体的な活用方法

このことについて事例を挙げたいと思います。

事例1　小学校第1・2学年［個性の伸長］

〈①について〉

個性の伸長は、自分のよさを生かし更にそれを伸ばし、自分らしさを発揮しながら調和のとれた自己を形成していくことです。子供が自分らしい生活や生き方について考えを深めていく視点からも、また、将来にわたって自己実現を果たせるようにするためにも、重視されなければならない内容です。

〈②について〉

この時期の子供の発達の段階から、自分自身を客観視することが十分にできるとは言えません。子供が自分の特徴に気付く契機となるのは、他者からの評価によることがほとんどです。ほめられて嬉しかったことが、自分のよさや長所につながることがあります。このような他者との関係によって自分の特徴を知ることができるようになります。また、よさとは、絵が上手に描けたり、走るのが速かったりするような目に見えるもので捉えたり、他者と比べて抜きん出ているもののように捉えたりする傾向が見られることから、そのような捉え方だけではなく、優しさや正直さ、努力などの心にもよさがあることに気付くことが必要です。子供がそのことを自身で実感することによって、自分の特徴への気付きがより確かなものになると考えられます。

〈③について〉

教材を活用することによって、自分のよいところがなかなか見つけられない登場人物に自分を重ねて考えられるようにし、他者のよさに目を向けたり、他者から教えてもらったよさを受け止めたりして、人のよさとはどのようなものなのかを考えられるようにします。また、自分にもそのよさがあることに気付いたときの気持ちを考えられるようにします。

このように①②③について考えると、授業のねらいに迫るために子供たちに必要な学習が明らかになってきます。

例えば次のような学習です。

- 人としてのよさとはどのようなものなのかを一つの見方ではなく、様々な角度から捉えて考える
- 自分のよさや特徴を、これまでの体験から感じたり、考えたりする

●自身で見つけたよさを実感し、これからの自分の生き方に生かそうとする　等

これらの学習によって予想される子供の姿から、例えば、次のような授業のねらいと子供たちを見取る評価の視点を設定することができます。

○ねらい

自分の長所に気付き、長所を大切にしようとする心情を育てる。

○評価の視点

◆人としてのよさを様々な見方から考えている
◆自分のよさや特徴を、これまでの体験から考えている
◆自分のよさを実感し、これからの生き方について考えている

教師はその実現を目指し、指導方法等を工夫するなどして授業を行うことになります。

事例2　中学校［生命の尊さ］

〈①について〉

生命の尊さは、主として人間の生命の尊さについての考えを深めることが中心になりますが、生きている全ての生命の尊さも大切に考えなければなりません。また、自己との関わりで、生きることのすばらしさや生命の尊さを考え、自覚を深められるようにすることが大切です。そのためには、家族や社会的な関わりの中での生命や、自然の中での生命、さらには、生死や生き方に関わる生命の尊厳など、様々な側面から生命の尊さについての考えを深めていくことが重要になります。

〈②について〉

この時期の子供の発達の段階から、現実的な死や、生命は唯一無二のかけがえのないものであることは理解できるようになってはいますが、自らの生命を、自分一人のもの、また、生きていくために大切なものという狭い範囲の漠然とした捉え方をしている子供も少なくありません。個々の生命が互いを尊重し、つながりの中にあるすばらしさを考え、生命のかけがえのなさについて理解を深めるとともに、生命や生き方に関わる生命の尊厳など、生命に対する畏敬の念を育てることが大切です。そこで、指導に当たっては、家族や仲間とのつながりの中で共に生きることのすばらしさ、生命の誕生から死に至るまでの過程、限りある生命を懸命に生きることの尊さなど、様々な側面から生命のかけがえのなさを自覚し、生命を尊重する心情や態度を育てていくことが大切であると考えられます。

〈③について〉

教材を活用することによって、身近な人の死に直面する登場人物に自分を重ねて考えられるようにし、自分や家族の生命と照らし合わせて、自他の生命の尊さを考えられるようにします。また、生命には限りがあることについて考えることを通して、与えられた生命を輝かせ、精一杯生きていくことの大切さを感じ取れるようにします。さらに、生命は、祖先から脈々と受け継がれているものであること、他者とも広くつながっているものであることなど、生命を多面的・多角的に捉えることを通してそのかけがえのなさを実感できるようにし、自他の生命を尊重する態度を育てていけるようにします。

①②③により、授業では、子供たちが次のような学習が行えるように構想します。

●生命とはどのようなつながりの中にあるものなのかを様々な側面から捉えて考える
●自分はこれまで、生命についてどのように捉えていたかを想起し、生命を大切にするとはどのようなことなのかを考える
●誕生から死に至るまでをどのように生きるのかが大切であることを実感し、これからの自分の生き方に生かそうとする　等

指導する内容項目や実態を踏まえたこれらの子供たちに必要な学習の姿から、例えば、次のような授業のねらいと子供たちを見取る評価の視点を設定することができます。

○ねらい

人間の死から生命のつながりを理解し、生きることの尊さを感じて生きていこうとする態度を育てる。

○評価の視点

◆生命のつながりについて、様々な側面から考えている
◆自分のこれまでの生命の捉え方を想起し、生命を大切にするとはどのようなことなのかを考えている
◆これからどのような心構えで生きていくのか、具体的にイメージして考えている

このような学習を子供が行えるようにするために、指導方法等を工夫することが求められます。

今、事例を二つ紹介しましたが、活用する教材はあえて明らかにしていません。それは、教材が先に示されると、どうしてもその教材を理解することが優先されてしまうからです。道徳科では内容項目を手掛かりとして道徳性を養うこと、このことを意識して教材吟味をすることで道徳性を養う道徳科の授業の実現へと向かっていきます。教師の明確な意図に基づく評価の視点を設けることが、道徳科の指導の質を向上させ、より効果的な指導方法

等の工夫に結び付き、子供たちの道徳性を養う学習の実現へと向かいます。そもそも指導方法等の工夫は、子供たちが、自分の考えをもてるようにしたり、表現できるようにしたりするための工夫であり、その工夫によって、子供たちの学習状況が把握しやすくなると言えます。

事例3　小学校『雨のバス停留所で』

第4学年の『雨のバス停留所で』という［規則の尊重］について学ぶ教材を例に説明します。あらすじは前述したので省略します。

よし子が、お母さんに引き戻され、雨宿りをしていた人の後ろに並んでバスに乗り込もうとしている場面で「よし子は、どんな気持ちでバスに乗る列に並んでいたのか？」と発問したとき、子供たちのどんな発言を受け止めて問い返せば、多面的・多角的に考えられるかを考えます。例えば、

「よし子は空気を読んでいない！」

という発言に対して、「じゃあ、みんなで、空気を読んでいないってどういうことかを考えてみようか」と問い返すと、「自分のことしか考えてない！」「周りが見えてない！」など、多面的・多角的に考えるきっかけを与えることができます。

また、「よし子は、母親の横顔を見ながら、何を考えていたのか？」と発問したときに、あえて「きまりはなんであるの？」と、道徳的価値の意義について問うような発問をすると、教材から少し距離を置くことができるので、これまでの自分の体験から発言する子供が多くなり、自分自身との関わりの中で考える工夫につながるわけです。この後、書く活動などを取り入れると、そこには子供たちが自分自身との関わりで考えたことや、多面的・多角的に考えたことが表現され、それが評価の一つの資料となるのです。評価で重視している学習状況は偶然表れるわけではないのです。

事例4　中学校『二人の弟子』

中学校の『二人の弟子』は「よりよく生きる喜び」について学ぶ教材です。あらすじを少し紹介します。道信と智行という二人の若者がおり、二人は上人の下でつらい仏門の修行に入るのです。ところが、道信は、とある女性が忘れられなくなって逃げ出してしまいます。逃げ出してしまうので、その後の生活はだらけたものになってしまうわけです。一方、智行は厳しい修行に耐え抜いて立派な僧侶に成長します。死んでしまいたいほど落ちぶれていく道信は、降り積もる雪の底から力強く芽吹くフキノトウを見たとき、このままではいけないと思い直し、上人がいる修行の道に戻ってきます。最後まで頑張って修行してきた智行は道信を許すことができません。それでも上人は道信を受け入れるのです。どうしても許せない智行は上人にその思いをぶつけます。すると、智行は上人から「人は皆、自分自身と向き合って生きていかねばならないのだ」と教えられ、深く考えるという教材です。

この授業で、自分との関わりで考えさせる一つのアイデアとして、「みなさんにしてみれば、今の中学校生活が修行のようなものですよね」と導入で確認し、教材を範読した後、

「どのような気持ちで修行しているのでしょうか？」

と聞いてみました。

このような教師の発問にどう答えますか？　智行の気持ちなのか、道信の気持ちなのか、それとも自分の気持ちなのか、特に発問には登場人物などの主語は付けませんでした。

ある子供は自分の部活動のことを語り始めました。主語をなくして聞けば、智行あるいは道信のどちらか、自分の立場に近い登場人物に共感して考えるだろうと思っていましたが、その後も、自分自身の生活について語り始めました。あえて、主語をなくして発問することで、自分との関わりの中で考えることができた一例です。

また、多面的・多角的に考えるための発問も工夫してみました。「諦めずに努力しようと思うのはどんな気持ちからでしょうか?」これは智行の立場、「諦めてしまいたくなるのはどんな気持ちからでしょうか?」これは道信の立場です。「このままではいけないと思うのはどんな気持ちからでしょうか?」これも道信です。

ややもすると、智行も、上人のように道信を許す広い心をもちましょう、という授業になってしまいます。そうなると、内容項目［相互理解、寛容］に向かっていきます。しかし、ねらいは［よりよく生きる喜び］なのです。

このような心は、智行にあって道信になく、道信にあって智行にないというものではありません。より深く多面的・多角的に考えられるようにする発問例として、

「智行も道信も、自分の中にいるとしたらどう思いますか？」

と聞きました。この発問で、子供は自分の心に向き合って考えられるようになり、「よりよく生きる喜び」について多面的・多角的に考えることができるようになりました。

道徳科に限らず、学習における評価とは、子供にとっては、自らの成長を実感し、意欲の向上につなげていくものです。そのためにも道徳科の授業では、子供がねらいとする道徳的価値の意義を理解し、自己の生き方に生かしていけるような学習活動をしっかりと考えて指導を工夫することが重要です。

一人一人の子供たちへの適切な対応

今、道徳科の授業では、学習活動を通して多面的・多角的な見方をすることや自分自身との関わりで考えを深めることが求められています。しかし、忘れてはいけないのは、子供一人一人に配慮しながら全ての子供がしっかりと学べるようにすることです。令和3年1月26日に出された中央教育審議会答申「『令和の日本型学校教育』の構築を目指して～全ての子供たちの可能性を引き出す、個別最適な学びと、協働的な学びの実現～」ではまさに、ＩＣＴを学校教育を支える基盤となるツール（道具）として活用しながら、全ての子供たちの可能性を引き出すことが重視されているのです。

指導は、子供が自らのよさや成長を実感できるように工夫するもの、評価は子供の成長を願って行われるもので、決して優劣をつけるものではありません。子供にとって、心の成長につながる一番の評価は、指導要録や通知表も大事ですが、日頃の全教育活動の中で、あるいは、道徳科の授業の中で、信頼できる先生に認められることです。これは間違いありません。道徳科の授業は毎時間がメイクドラマです。だからこそ、道徳科で子供を見取る評価は、何らかの文例に当てはめるということではなく、リアルな学びの姿を認め、励ます評価をしてください。特に、学習を通して、多面的・多角的に考えながら心の視野を広げること、自分自身との関わりで考えながら自分を客観視することは、大人であっても容易にできることではなく、永遠の課題だと思います。こうした道徳科の学びがよりよく生きるということにつながっていくわけです。

コラム

授業の「間」

本書の「はじめに」において、デザインとは、設計したことに基づいて形にしていくこと、目的を達成するための手段、思考の枠組、コンセプトの設計という捉え方をしました。

この章では、道徳科の授業構想の手順や方法、その意味などについて考えてきましたが、道徳科の授業を行うに当たり、授業の「間」もデザインの重要な位置付けとして考えていただきたいと思っています。

例えば、教材を教師が読み聞かせ（範読）する場合でも、「その夜」「次の日」など時間が経過する前で一呼吸入れる。教材を読み終えた後、10秒くらいは黙っている。発問をした後、手を挙げている子供をすぐに指名せずに少し待つ。このような「間」です。

子供たちが黙っていることを心配する教師ほど、間をつくらずにしゃべり続ける傾向が見られます。

果たして子供たちに間を与えると何をするのでしょうか。

何も指示を出していなければ、ぽかんとしているだけかもしれませんが、先程例示した読み聞かせ（範読）や発問をしたときには真剣に考えていると思います。じっくり考えたいと思っているのに、教師が常にしゃべり続けたら子供たちにとっては騒音でしかありません。発問をして、手を挙げた子供をすぐに指名したら、他の子供たちは自分で考えることを止めてしまいます。

教師が何もしないという一見消極的な行為は、子供たちにしてみれば主体的な学びになるということです。この「何もしない」ということを、意図をもって間を空ける、待つという積極的な指導として捉え、授業のデザインの一要素に取り入れてほしいと思います。

第 5 章

道徳科の授業デザイン例

最後の章では、これまで授業を構想するために考えてきたことを踏まえて、実際に私の道徳科の授業デザインを紹介させていただきます。こうした指導の仕方が唯一の正解だというものではありません。大切なのは、あなたの目の前にいる子供たちの実態を把握しながら、あなたの道徳科の授業をデザインするということです。

『黄色いベンチ』小学校低学年
C［規則の尊重］

きまりを守ることよりも、みんなの物を大切に使うことを考えます。

低学年の［規則の尊重］

『黄色いベンチ』は、文部科学省『わたしたちの道徳　小学校一・二年』に掲載されているほか、小学校で使用されている教科書にも掲載されている教材です。

雨が続き、やっと晴れた日曜日。たかしとてつおは、くつが泥だらけになっていることに気付かず、公園のベンチにのって夢中になって紙飛行機を飛ばして遊んでいた。その後、女の子とおばあさんがやってくる。女の子がベンチに座るとスカートが汚れてしまう。それを見た二人ははっとする。

この教材は、Ｃの視点の［規則の尊重］をねらいとして活用されることが一般的です。授業を行うに当たっては、教師の指導の意図が明確でなければなりません。その意図は、第４章「指導の意図をもつ」で説明した通り、次の三つの要素で明確になっていきます。

①ねらいとする道徳的価値を発達の段階を踏まえて理解すること
②ねらいとする道徳的価値に対する子供たちの実態を把握すること
③ねらいを達成するために活用する教材の効果的な活用を考えること

一般的にはこの三つが学習指導案を作成するときの「主題設定の理由」として明らかにするものであり、これによって教師は指導の意図を明確にしていきます。言い換えれば、指導の方向性を決めるということになります。

この①から③は考える順番を示しているものではありません。中でも①と②はどちらも同時進行で考えることが多いと思います。［規則の尊重］については、発達の段階を踏まえると、次のような指導が重視されています。中学校では［遵法精神、公徳心］となります。

低学年：約束やきまりを守り、みんなが使う物を大切にすること。
中学年：約束や社会のきまりの意義を理解し、それらを守ること。
高学年：法やきまり意義を理解した上で進んでそれらを守り、自他の権利を大切にし、義務を果たすこと。
中学校：法やきまりの意義を理解し、それらを進んで守るとともに、そのよりよい在り方について考え、自他の権利を大切にし、義務を果たして、規律ある安定した社会の実現に努めること。
（※傍線は筆者）

このように発達の段階ごとに比べてみると、低学年の［規則の尊重］の特徴が見えてきます。中学年の「社会のきまり」に対して、低学年は「みんなが使う物」という言葉があります。きまりを守らせることを意識しすぎると、理由もよく分からずに、叱られるからきまりを守るという他律的な考えにとどまってしまいます。少しずつ自律的な思考へと促すためにも、低学年では「大切に使う」ということが指導のキーワードになります。

子供の実態を踏まえた指導

道徳科の授業を構想するに当たっては、前述した通り、①ねらいとする道徳的価値、②子供の実態、③教材の活用を考える必要がありますが、教師はまず年間指導計画を見てその時期に扱う教材を確認し、次にその教材を活用してどのような道徳的価値を手掛かりとするのかを確認します。これで授業に臨むと抜け落ちてしまうのが、その授業を受ける子供たちの実態に合った授業を行うということなのです。

『黄色いベンチ』では［規則の尊重］を手掛かりとするので、子供たちはきまりを守ることについてどのような意識をもっているのか、また、どれくらいできているのか。同じ低学年であったとしても、1年生の前半と2年生の後半では、その実態は大きく異なるものです。

子供の実態として、とにかく今の段階では、きまりを守るという意識を高めたいと思うことも少なくありません。道徳科の授業では、道徳的価値の意義について考え、話し合いながら理解を深めていくことが大切なことは言うまでもありませんが、低学年、特に第1学年を想定すれば、理由はともかく、きまりは守ることが大切であると教えるような授業も考えられます。しかし、いつまでもそれではいけません。きまりを守るという意識よりも、みんなが使う物をどのように使うことが大切なのかを考えることが必要になります。

また、道徳科で養う道徳性は、道徳的判断力、心情、実践意欲と態度をその様相としていることから、どういうことは善いことで、どういうことは悪いことなのかを中心に考える授業ならば「道徳的判断力」を育てることをねらいとし、みんなが使う物を大切に使えたときの気持ちよさや使えなかったときのもやもやした気持ちなどを中心に考えれば「道徳的心情」を育てる授業、その気持ちから意欲を高めたり、具体的な場面で考えたりしていければ「道徳的実践意欲」あるいは「道徳的態度」を育てる授業となります。必ずしも様相の一つをねらいとして限定しなくてはならないということではないので、複数の様相を育てることをねらいとする場合もあるかもしれません。いずれにしても、どの様相に焦点を当てて授業を行うのかは、授業者である教師が子供の実態を踏まえて意図的に考えるものです。

扱う教材のよさを生かすこと、ねらいとする道徳的価値を発達の段階を踏まえて理解すること、そして何よりも、子供の道徳性を養うことを目標としている以上、子供の実態を踏まえて授業を構想することを忘れてはいけません。

どこまでを指導のゴールとするか

この『黄色いベンチ』の授業での発問も様々な工夫はありますが、中心的な発問として次のようなものが考えられます。

> ①女の子とおばあさんの様子を見た二人は、どのようなことを考えたのでしょうか
> ②女の子とおばあさんの様子を見た二人は、どのような気持ちになったのでしょうか

①のように考えを問えば判断力、②のように気持ちを問えば心情、このようにねらいを意識した発問の仕方によって子供の反応も変わってくるものです。しかし、低学年の子供

たちにはその発問の違いまで捉えきれないのが実際のところです。
教師の発問に対して子供たちからは様々つぶやきや発言が出てきます。

A：いけないことをしちゃったね。
B：謝った方がいいかな。どうしよう。
C：くつを脱いでベンチに上がればよかった。

さて、ここから大切な学び、言い換えれば「深い学び」が始まると言えます。それぞれの子供の発言を聞いて終わりではありません。
例えば、A児の発言に対してどのような教師の問い返しが考えられるでしょうか。

A：いけないことをしちゃったね。
T：どんなことがいけないことだと思ったのかな？

何がいけないことなのか、自分の言葉で語らせることで、理解もより確かなものになるものです。

B児に対してはどうでしょう。いけないことをしたら謝るということはとても大切なことですが、その点を深掘りしていくとどうしても授業は［正直、誠実］に傾いていきます。あくまでも、してしまったことに対して気持ちや考えを向けられるようにしていくとよいでしょう。

B：謝った方がいいかな。どうしよう。
T：どんなことを謝りたいと思ったのかな？

では、C児の発言についてはどのように取り上げるでしょうか。C児のような発言は当然子供から出されることが想定されます。ここで、教師の指導の意図が重要になってきます。要するに、ベンチは座って使うもの、きまりを守るという意識を高めたいと思うならば、このC児の発言を大切にしながら、そういう考えもあるという程度にとどめることが考えられます。一方、みんなの物を大切に使うことに心を向けられるようにするのであれば、次のような問い返しが考えられます。

C：くつを脱いでベンチに上がればよかった。

T：それは、どんなことを大切にしたいと思ったのかな？
C：ベンチに上がってもいいけど、本当はみんなが座るところだから、汚さないようにきれいに使う。

ところで、登場人物のたかしとてつおは、どこから女の子とおばあさんを見ているでしょう。文部科学省『わたしたちの道徳　小学校一・二年』に掲載されている場面絵では、たかしとてつおはブランコに乗っています。どんな乗り方か？　それは「立ちこぎ」なのです。ブランコは座って乗りなさいという指導がしたいのか、ブランコをていねいに使いなさいという指導をしたいのか、指導の意図が分かれるところですが、それを決めるのは子供たちのことをよく知る教師です。私でしたら……座り方や乗り方を押し付けるよりも、みんなが使う物を大切に使える子供たちの心を育てていきたいと考えます。

『花さき山』小学校中学年
Ｄ［感動、畏敬の念］

目には見えないものの存在を信じると人間の生き方は変わります。

内容項目Ｄの視点の特徴

『花さき山』は、文部科学省『わたしたちの道徳　小学校三・四年』に掲載されているほか、小学校で使用されている教科書にも掲載されている教材です。

10歳の女の子あやが山菜を採りに山の奥へ入っていくと、いつの間にか辺り一面きれいな花を咲かせている山に入り込む。その山には山んばが住んでおり、この山の一つ一つの花は、人の心の美しさが咲かせていることを教えてもらう。その花さき山に咲く花の美しさを思い浮かべながら、見えるものの美しさだけではなく、人の心の美しさなどにも目を向けていく。

この教材はDの視点［感動、畏敬の念］をねらいとして活用されることが一般的です。道徳教育では、よりよく生きるための人間としての在り方、生き方の礎となるもの、一人一人の子供が道徳的価値観を形成する上で必要なものを発達の段階によって整理しています。それが「内容項目」です。さらにその内容項目を次のような四つの視点に整理してまとめています。

Ａ　主として自分自身に関すること
Ｂ　主として人との関わりに関すること
Ｃ　主として集団や社会との関わりに関すること
Ｄ　主として生命や自然、崇高なものとの関わりに関することこれらの視点を比べてみると、Ｄの視点が他のＡ、Ｂ、Ｃの視点とは質が異なることに気付くと思います。Ａ、Ｂ、Ｃの視点は、人が集まり都市化によってもたらされた姿、それに対してＤの視点は、今、人の生活に残された人間の自然の姿、人間の力を超えたもの、このように捉えることができます。確かに、生命や自然は、自分ではコントロールすることができません。反対に科学の力でどうにかしようと操作すれば、人は人間として存在できなくなると言えます。つまり、Ｄの視点は「人」のレベルではなく、この世界に誕生した「人間」のレベルなのです。

［感動、畏敬の念］とは

このＤの視点の道徳科の授業は、どうもやりにくいという声をよく聞きます。私もそのうちの一人です。その中でも特に［感動、畏敬の念］という内容は、子供の実態も把握しづらく、どのあたりを目がけて授業を行えばよいのか、なかなか捉えにくいものです。

小学校学習指導要領には、この内容について次のように示されています。

低学年：美しいものに触れ、すがすがしい心をもつこと。
中学年：美しいものや気高いものに感動する心をもつこと。
高学年：美しいものや気高いものに感動する心や人間の力を超えたものに対する畏敬の念をもつこと。
中学校：美しいものや気高いものに感動する心をもち、人間の力を超えたものに対する畏敬の念を深めること。

また、「畏敬の念」という言葉の意味を調べると、次のように説明されています。

畏敬の念：畏れて敬う心情のこと。
畏れる　：何かを本当に尊い、力のあるものだと思い、その前で礼儀を失わないように控えめにすること。

これらのことから、低学年のうちから、虹や夕焼けの美しさなどの身近な自然に目を向けたり、音楽や芸術作品などに触れて気持ちよさを感じたりしながら、感動体験によるすがすがしさを味わえる心を育てていくことが大切です。

中学年になると、目に見える美しさだけでなく、人の心や生き物の行動を含めた気高さなどにも気付くようにしていきます。「気高さ」には「優れて上品に見える、気品がある」という意味があるので、低学年と比べると、表面には見えにくい美しさを想像する力や感じる力が求められます。

高学年、中学校になると「人」から「人間」となります。つまり、もともと大自然の中で生きる人間としての未知なる可能性や崇高さ、大自然の摂理に感動し、それを包み込む大いなるものに気付き、畏れて敬う心をもつことが求められるということです。

このような内容を考えれば、１単位時間で［感動、畏敬の念］を育てることは容易ではありません。日頃から子供たちに様々なものの美しさに目を向けさせ、感受性を育てておくことが必要です。いや、子供たちはまだそのような素直に感動できる心をもっています。それ以上に教師がそのような心をもっていないと指導できるものではありません。

美しいものを見つけよう

まず、この授業を行うに当たり、指導の意図として、子供たちに考えてもらいたいことを次のように設定しました。

○どのようなものに美しさがあるのか
○心の美しさとはどのようなものか

授業を行う前に美しいものを見つけてくるという宿題を出しておき、授業の導入で見つけてきたものを出し合いました。

・花　・湖　・水滴　・虹　・夕陽　など

大方の予想通り、主に自然の目に見える美しさを見付けてきた子供が大半を占めていました。そこで、本時の学習課題（めあて）として「いろいろな美しいものを見つけよう」と投げかけて『花さき山』の読み聞かせを行いました。その後の発問と子供たちの発言やつぶやきの概要は次の通りです。

Ｔ：花さき山の花は、どんなことをすると咲く花でしょうか。
Ｃ：あやが妹のために晴れ着を買ってもらうのをがまんしたときに咲いた。
Ｃ：双子のお兄さんがお母さんのおっぱいをしんぼうしたときに咲いた。
Ｔ：兄弟のために自分ががまんしたり、しんぼうしたりすると咲くんだね。
Ｔ：兄弟のためじゃないと咲かないのかな？
Ｃ：兄弟じゃなくても、困っている人を助けてあげると咲く。
Ｃ：よいことをすると咲く。
Ｔ：よいことってどんなことだろう？
Ｃ：お手伝いを頑張ってする。
Ｔ：なるほど、そういうことをすると咲くと思うんだね。
Ｔ：では、こんなふうにたくさんの花が花さき山に咲いているのを見て、みなさんはどう思いますか?

C：みんな、がまんしたり、しんぼうしたりしているんだな。

C：よいことをしている人がたくさんいる。

C：花さき山がお花でいっぱいになると、みんなが幸せになれる。

T：花さき山がもっとお花でいっぱいになると、もっともっと美しくなりますね。どんなことをすると花さき山に花が咲くのかが分かってきました。今度は、花を咲かせるために必要な心を考えていきたいと思います。先程「がまん」とか「しんぼう」とか出てきましたが、その他にはどんな心があると思いますか?

C：優しい心。

C：「ありがとう」という心。

T：それってどういうことですか?

C：いつもありがとうって思いながら、今度は自分が相手に親切にする。

T：そういうことか! 「感謝の心」とも言いますね。よく考えたね。

C：いつも「きれいな心」をもっていることが大事。

C：周りのことを考えることが大切。

T：それを「広い心」とも言いますね。
（こうして美しい心の中身を多面的・多角的に捉えていきます）
C：本当にはない。
T：では、最後にみなさんに聞きますが、「花さき山」ってあると思いますか？
T：やっぱりこれはお話の世界にだけにあるのかな。あると思う人はいますか？
（約3分の1の子供が挙手）
T：どこにあると思いますか？
C：きっと誰も行ったことのない山奥にあると思う。
C：心の中にあると思う。
C：空の上にある。
「花さき山」の存在を信じるか、信じないかは子供一人一人の思いに任せます。
終末には、相田みつを氏の『美しいと思えるあなたのこころがうつくしい』という詩を紹介して授業を終えました。

『うばわれた自由』小学校高学年
A［善悪の判断、自律、自由と責任］

善悪の判断の先に自由の扉が開かれます。

道徳の本質を考える授業

道徳の本質を実際の道徳科の授業で考えてみたいと思います。「道徳」とは外からの強制ではなく、人が集う社会の中で正しい行為をするための規制であり、それは個人の内面的規範であるということです。このことを象徴する内容項目に、小学校のAの視点「主として自分自身に関すること」の中の［善悪の判断、自律、自由と責任］があります。

この内容項目を手掛かりに指導できる教材として、文部科学省『私たちの道徳　小学校五・六年』の中に『うばわれた自由』があり、小学校で使用されている教科書にも掲載されているものがあります。

森の番人ガリューは、自分の思いのままに行動することが自由であると考えているジェラール王子が、規則を守らずに森で狩りをしていることを注意する。王子であっても許されることではないと逆らった結果、ガリューは牢に入れられてしまう。その後、王位を受け継いだジェラールの身勝手な振る舞いにより国は乱れ、ジェラールも囚われの身となり牢に入れられてしまう。牢で再会した二人は、本当の自由を大切にして生きていくことを考える。

この授業では、ジェラール王子の勝手気ままな自由の捉え違いに気付いた子供たちが、本当の自由とは、法や規則、きまりを守った上に成り立つものだと考えるような授業が一般的に行われます。

授業は［善悪の判断、自律、自由と責任］に含まれる道徳的価値をねらいとして行われているのですが、なんだか「規則の尊重」のようにも思える授業になることがしばしば見受けられます。私はまさに、ここに一般的な「道徳」の捉え方が表れていると感じています。法や規則、きまりを守ることが「道徳」という捉えです。

この教材名にあるように、誰の自由が奪われているのかを考えると、森の番人ガリューとジェラール王子の自由が奪われていることに気が付きます。自分の好きなことをしたいというジェラール王子が好む自由こそ、子供たちばかりでなく誰もが求めている自由なのではないでしょうか。そこで、道徳の本質について考えるために、ジェラール王子やガリューの自由はどうして奪われてしまったのかを考えてみます。

T：今から先生が『うばわれた自由』を読みますので、みなさんは、誰の自由が奪われたのか、また、どうして奪われてしまったのかを考えながら聞いてください。

このような読み聞かせ（範読）を聞くときの視点を与えて教材を読みます。

ジェラール王子の自由は、国のトップに立つ者が自分勝手な振る舞いばかりしていたので国を統治することができなくなり奪われることになりました。では、ガリューの自由はどうして奪われたのでしょうか。王子のような身分や位の高い者の言うことを聞かなかったから、あるいは、柔軟に考えられずに法や規則、きまりに固執しすぎたからなどが考えられます。このようなガリューの考えを否定するものではありませんが、すでにある法や規則、きまりに従うことを第一に考えるのではなく、それらは守るべき価値のあるものなのかを常に問う姿勢も大切にしたいと思います。もちろん、ジェラール王子のような、時と場合によってはきまりを守らないときがあってもよいという考え方では安定した社会を築くことはできません。だからこそ、何が善いことで何が悪いことなのかを自分でしっかり考える、ここに道徳の本質があり、その結果として本当の自由を手に入れることができると考えられます。

思考ツールを活用する

道徳科では、考えを可視化（見える可）するために、板書等に思考ツールを活用することがあります。今回は、座標軸を使って考えてみました。

T：今日は「『自由に生きる』とはどういう生き方なのか」を考えていこうと思います。

T：ジェラールが考えていた自由はAからDのどこに当たりますか？
C：Bだと思います。自分の好きなことを優先させて、きまりを守っていないからです。
T：ガリューが考えていた自由はAからDのどこに当たりますか？
C：Aだと思います。ガリューはジェラール王子にきまりを守らせようとしたからです。
C：私もAだと思います。きまりを守ることが大切だと思っているからです。
T：ガリューはきまりを守ることが大切だと思っているけれど、きまりを守ることは好きなのでしょうか？
C：好きではないと思います。
T：どうしてそう思うの？

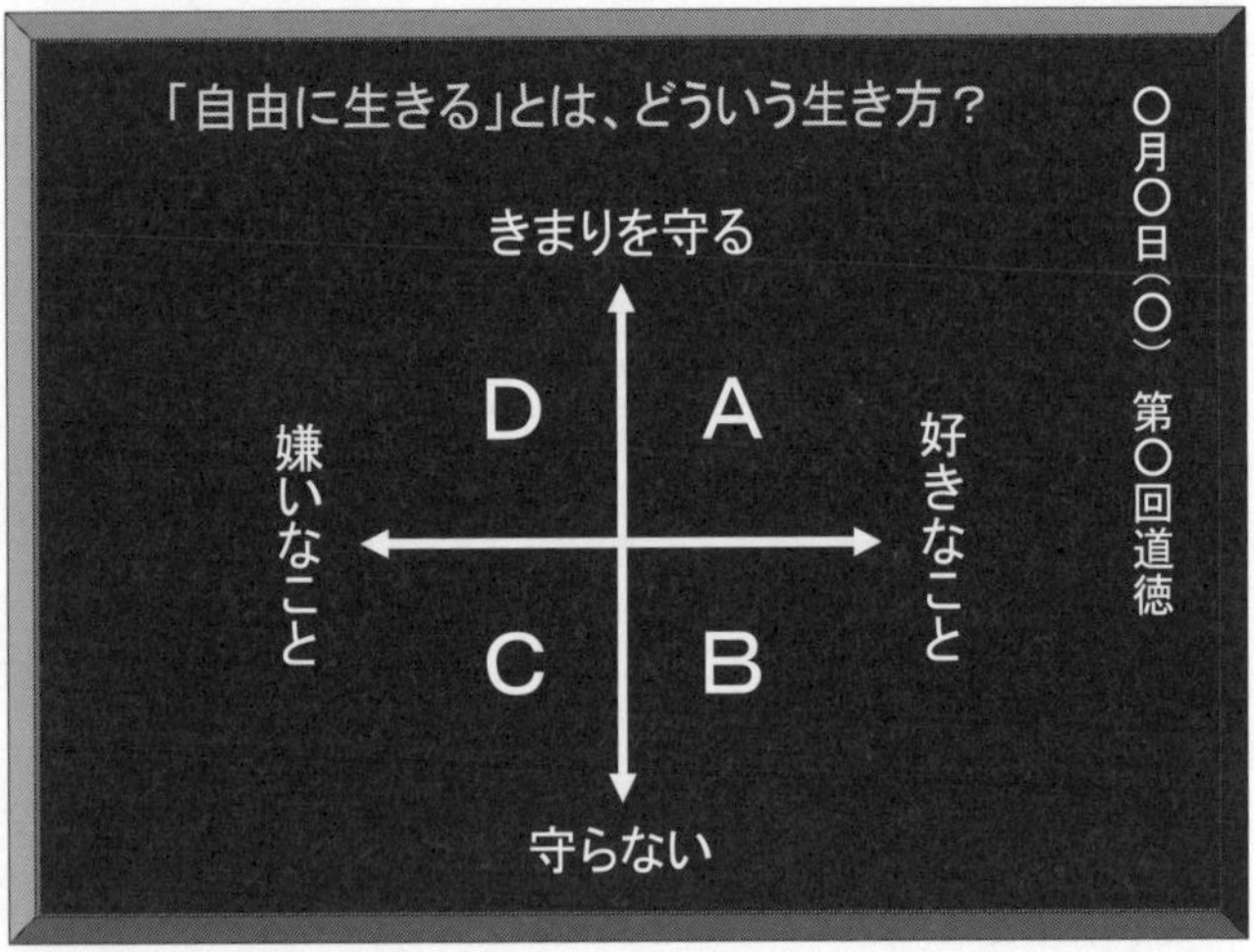

C：私が好きではないからです。

T：みなさんはどうですか？　きまりを守ることは好きですか？

C：好きではありません。

C：みんなに迷惑をかけるからきまりを守っている。

T：では、ガリューの自由とはＡからＤのどこに当てはまりますか？

C：Ｄだと思います。

T：では、そろそろ、自由に生きるということを考えていきたいと思います。自由に生きるとはＡからＤのどこに当てはまりそうですか？

C：Ａだと思います。きまりを守りながら好きなことをすることだと思うからです。

C：ただ好きなことをすることが本当の自由ではなく、人に迷惑をかけないようにすることが大切だと思います。

T：みんなはきまりを守ることがあまり好きではなさそうですが、きまりに従って好きなことをすることが本当の自由ということでよいでしょうか？

C：……。

T：全てのことにきまりがあればいいけれど、きまりがなかったらどうしましょうか？

縦軸に入る言葉を考えてみてください。

C：縦軸の上が「みんなのこと」、下が「自分だけのこと」がいいと思います。

T：どうしてそう思いましたか？

C：きまりがなくても、人に迷惑をかけないようにするには、みんなのことを考えた方がいいと思ったからです。

C：いいと思います。自分の好きなことだけを考えているとジェラール王子のようなわがままになり、それでは自由を奪われてしまうからです。

T：なるほど。では、ジェラール王子の家来のように、みんなが狩りをしてもよいと認めれば、それでもよいということですか？

C：それは本当の自由とはちょっと違うと思い

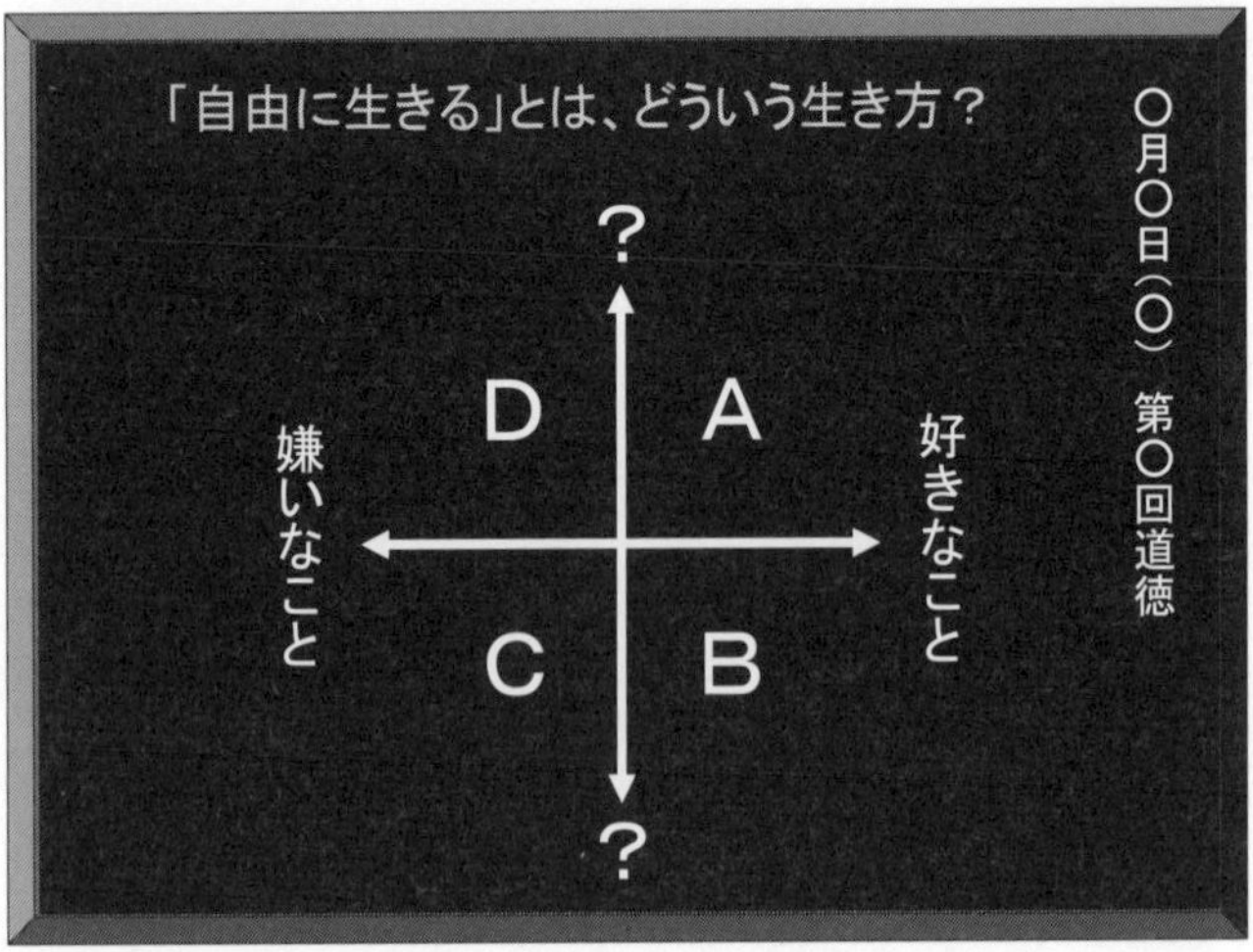

○月○日（○）第○回道徳

「自由に生きる」とは、どういう生き方？

？

A

B

C

D

好きなこと

嫌いなこと

？

ます。いくらみんながいいと言っても、してはいけないことをするのはよくないと思います。
T：では、もう一度、縦軸にはどんな言葉が入るのかを考えてみましょう。
C：縦軸の上が「よいこと」、下が「悪いこと」がいいと思います。
T：その「よい」というのは、自分で決めた「よい」ということですか？
C：そうではなく、みんなが「よい」「正しい」と思うことです。
T：分かりました。では「よい」を「善い」と漢字で書いておきます。

このような対話を通して、学級のみんなで本当の自由、つまり、「自由に生きる」とはどのような生き方なのかを考えていき、最後には子供一人一人が自己の生き方についての考えを深めていきます。

『言葉の向こうに』中学校
B［相互理解、寛容］

授業構想に迷ったら基本に返ります。

授業構想の基本に返る

道徳科の授業は教師の指導の意図により様々にデザインすることが可能ですが、あれもこれもと考えると、限られた時間の中に盛り沢山の活動を取り入れてしまったり、見映えがするような指導方法を駆使することが先になってしまったりして、教師主体の授業になることが少なくありません。結果的には授業構想に多くの時間を費やしてしまうことにもなります。そこで、この章最後の事例として、この本で取り上げてきたことを振り返りながら授業を構想していきたいと思います。第4章「道徳科の授業構想グランドデザイン」の「学習指導過程を構想する」で示した次の手順です。

①授業のねらいを確認する
②教材の中心場面と発問を考える
③中心的な発問の前後の発問を考える
④話合いの前提となる条件等を確認する
⑤導入と終末で行うことを考える
⑥指導方法を考える
⑦時間配分を決める

教材は『言葉の向こうに』で考えていきたいと思います。この教材は、文部科学省『私たちの道徳　中学校』に掲載されているほか、中学校で使用されている教科書にも掲載されているもので、大まかなあらすじは次の通りです。

加奈子は、インターネットで、ヨーロッパのサッカーチームのA選手のファン仲間との交流を楽しんでいる。ある試合をきっかけに、心ない書き込みが続いたことに怒った加奈子は、自分もひどい言葉で応酬し、注意されてしまう。インターネット上での言葉のやり取りの難しさに直面し、改めて、顔の見えない向こう側にいる相手との交流で大切にしなければならないことについて考える。

①授業のねらいを確認する

この教材はBの視点［相互理解、寛容］をねらいとして活用されることが一般的です。中学校［相互理解、寛容］の内容を解説を読んで確認します。

自分の考えや意見を相手に伝えるとともに、それぞれの個性や立場を尊重し、いろいろなものの見方や考え方があることを理解し、寛容の心をもって謙虚に他に学び、自らを高めていくこと。

授業の主題やねらいは年間指導計画にも例示されていますが、子供の実態をよく知る教師が意図をもって決定します。ＳＮＳが身近に活用でき、誰とでもコミュニケーションがとりやすく、情報が発信でき受け取ることもできるような社会において何を指導することが大切なのかを考えます。メールやチャットなどの文字だけでなく、大切なことは相手と会って伝えようという指導は確かに大切ですが、情報モラルに関する指導も含めてどんなことが大切なのか、その方法ではなく心を考え道徳性を養うのが道徳科です。

そこで、次のような主題とねらいを設定しました。

> 主題　：見えない相手への意識
> ねらい：世の中にはいろいろな考えや立場の人がいることを理解し、寛容や謙虚な心で相手からも学ぼうとする心情を育てる。

②教材の中心場面と発問を考える

教材を繰り返し読み、ねらいに迫るためにどの場面を中心に時間をかけて話し合うか、そのとき、どのような発問をするのかを考えます。

③中心的な発問の前後の発問を考える

学習指導過程の「展開」の段階では、中心発問を含む三つの基本発問を考えてみました。

道徳科の学習指導過程の例

段階	学習活動・主な発問	予想される子供の反応	指導上の留意点
導入	・実態や問題を知る。		・道徳的価値について、問題意識をもつ。
展開	・教材を活用して、道徳的価値を理解し、よりよい生き方を考える。		・自分自身との関わりで考える。 ・多面的・多角的に考える。 ・自己の（人間としての）生き方についての考えを深める。
終末	・よりよい生き方の実現への思いや願いを深める。		・道徳的価値の意義を理解し、自己の生き方に生かす。

教材の場面を生かした話合いとその意図

主な発問例	指導上の留意点
①加奈子はどんな気持ちで好きなサイトを見ているのでしょうか。	人間の本性に触れる
②帰宅後、サイトのA選手を非難する言葉を目にしたとき、加奈子はどんな気持ちになったのでしょうか。	何が善いことで何が悪いことかを自分の心の中で考える
③食事後、サイトの言葉を見て、加奈子はどう思ったのでしょうか。	道徳的価値の意義を考える
教材の場面が話合いのきっかけになる	何を話し合うのか、明確な意図をもつ

それぞれの発問には意図があり、一つ目の発問は「人間の本性に触れる」、つまり、今の時点でどのようなことが「好き」でどのようなことは「嫌い」なのか、登場人物の加奈子に共感しながら自分と重ねて考えるということです。道徳的価値の理解の一つである「人間理解」と言い換えることができます。

このときに、直接、顔と顔を突き合わせたり、言葉を届けたりする会話とは異なるネット上での文字による会話の特徴を踏まえながら考えられるようにすることが大切です。

二つ目の発問は「何が善いことで何が悪いことなのかを子供自身が自分の心の中でしっかり考える」という意図があります。自分の投稿が否定されたとき、はじめて向こうに相

教材の場面を生かした話合いとその意図

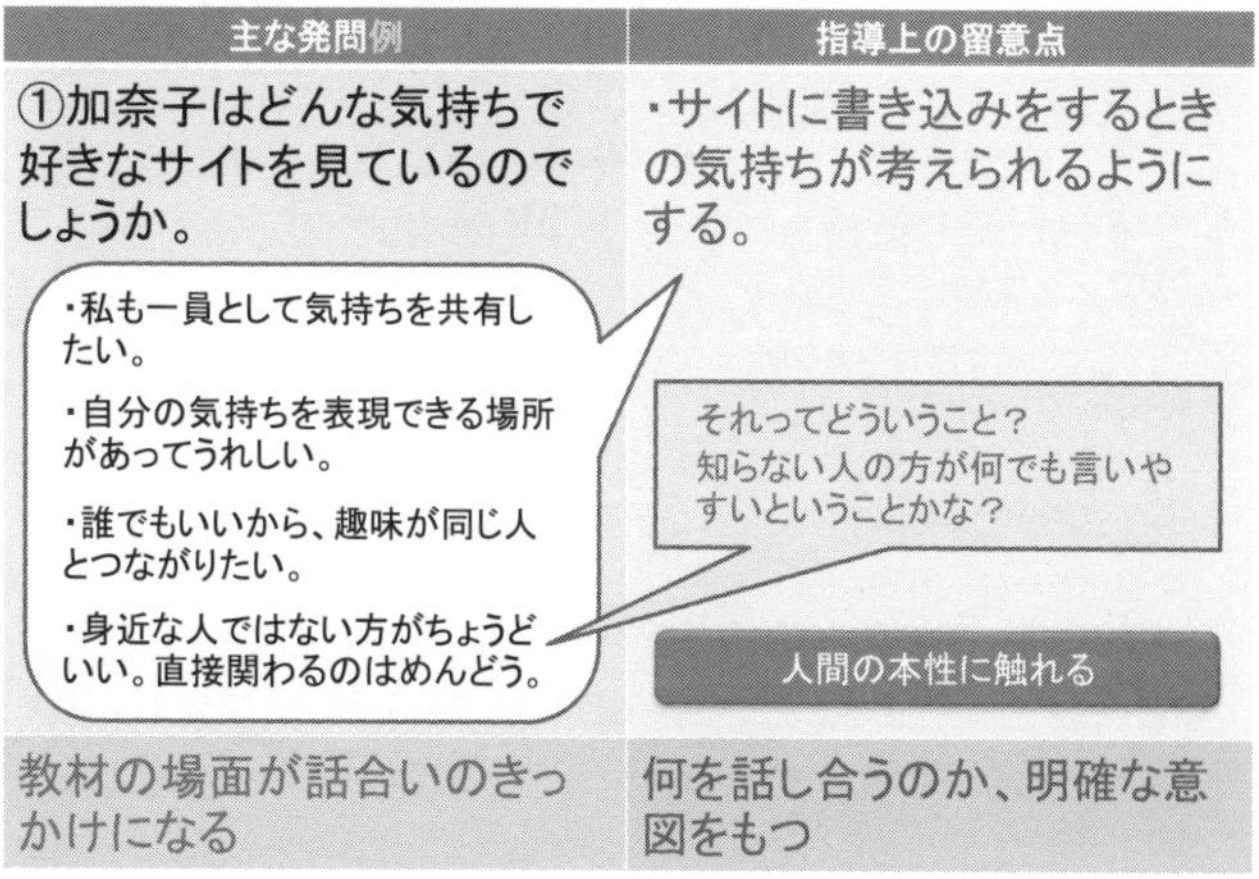

主な発問例	指導上の留意点
①加奈子はどんな気持ちで好きなサイトを見ているのでしょうか。 ・私も一員として気持ちを共有したい。 ・自分の気持ちを表現できる場所があってうれしい。 ・誰でもいいから、趣味が同じ人とつながりたい。 ・身近な人ではない方がちょうどいい。直接関わるのはめんどう。	・サイトに書き込みをするときの気持ちが考えられるようにする。 それってどういうこと？ 知らない人の方が何でも言いやすいということかな？ 人間の本性に触れる
教材の場面が話合いのきっかけになる	何を話し合うのか、明確な意図をもつ

手がいることを意識するものです。

相手の顔が見えないから、言いたいことを文字に置き換えて言えてしまうこと、エスカレートしてくると、相手に負けたくないという気持ちが先に立ち冷静さを失うこと、本来の投稿の目的が失われ、人の心を傷付けるようなサイトに一瞬にして変わってしまうことなど、実際に起きているネット上の問題が浮き彫りになってくる場面です。このような状況になったときに善悪の判断をすることは難しくなりますが、教材を使って対話的な学び、あるいは、協働的な学びを通して話し合うからこそ、虫の目、鳥の目、魚の目をもって冷静に考えられるのが道徳科の授業のよいところだと言えます。「他者理解」をしていくと

教材の場面を生かした話合いとその意図

主な発問例	指導上の留意点
②帰宅後、サイトのA選手を非難する言葉を目にしたとき、加奈子はどんな気持ちになったのでしょうか。 ・どうしてこんな悪口を書くの。何も知らないくせに。 ・絶対に負けられない。 ・引っ込みがつかない。 ・A選手を一緒に応援したい。 ・A選手のファンじゃないならこのサイトに来ないで欲しい。	・サイトの書き込みを批判されたときの気持ちが考えられるようにする。 投稿者へ言葉を返したら反撃されて、どう思ったでしょうか？ 何のために書き込みをしているのかな？ 加奈子は悪くないの？ 善悪を自分の心の中で考える
教材の場面が話合いのきっかけになる	何を話し合うのか、明確な意図をもつ

ころです。

　三つ目の発問は、ねらいとする「道徳的価値の意義を考える」という意図があります。顔が見えない相手と会話をするときにはどのような心のもちようを大切にすればよいのかを考えられるようにしていきます。「価値理解」の部分になります。

　このように、学習指導過程の「展開」の段階で意図した基本発問を考えていきますが、この基本発問だけでは、ねらいとする道徳的価値について深く考えていくことはできません。教師は子供の発言をよく聞いて、発言して終わりではなく、問い返したり、切り返したりするような補助発問を組み合わせていくと、子供たちが自分との関わりで、自分にも

教材の場面を生かした話合いとその意図

主な発問例	指導上の留意点
③食事後、サイトの言葉を見て、加奈子はどう思ったのでしょうか。	・顔が見えない相手と会話するときに大切なことを考えられるようにする。
・何で私が責められなくちゃならないの。悪いのは私じゃない。 ・相手を責めているのは同じ。 ・相手が反論してきたから。 ・知らない相手だと言いたいことが何でもすぐに書けてしまう。 ・相手の顔が見えないからこそ、相手の立場を理解しなくてはならない。	加奈子も同じレベルなの？ どうしてこんなことになってしまったんだろう？ 実際の会話とネット上の会話では何が違うのか？ 道徳的価値の意義を考える
教材の場面が話合いのきっかけになる	何を話し合うのか、明確な意図をもつ

関わりがあるような問題点について考えられるような授業になります。

ここで改めて、④話合いの土台となる教材の内容で、前提として押さえておきたいことを確認します。この教材で言えば次の二点は話し合う前に共通理解を図っておきたいところです。


加奈子はヨーロッパのサッカーチームのA選手のファンである。

日本のファンサイトを見て投稿している。


このような条件や状況に置かれたことを想定して、みんなで考えていくということの確認になります。

さて、次は⑤として「展開」を生かすために「導入」や「終末」ではどのようなことを行うとよいかを考えます。今回の導入では、多くの子供たちが実際の生活でインターネットを利用しているので、その利便性を取り上げたいと考えました。この教材の特徴からネット上の問題点が浮き彫りになると、インターネットを利用することに消極的になることが予想されるからです。利便性を確認し、利用する上での問題点について触れ、問題意識をもって授業に臨めるようにしました。

終末では、ネット上の匿名や字面でのやり取りに焦点を当て、この教材名でもある『言葉の向こう』の人のことや自分自身の心のもちようを見つめられるようにしたいと考えました。

また、子供たちの「日常生活」から「教材の世界」へ、「教材の世界」から「日常生活」へと移り変わるときの橋渡しとなる言葉を考えておくことは、道徳科で教材を活用して考えることの意義を子供たちにも理解できるようにするためには必要なことになります。道徳科は「教材を理解する」のではなく「教材で生き方を考える」のです。

さて、このような学習をより効果的に行う

道徳科の学習指導過程の例

段階	学習活動・主な発問	予想される子供の反応	指導上の留意点
導入	・実態や問題を知る。	・インターネットの便利なところは何か。 ・普段はどんなことで使っているか。 ・何か使っていて問題点はあるか。 ・何か社会で問題が起きていることを知っているか。	・道徳的価値について、問題意識をもつ。
展開	・教材を活用して、道徳的価値を理解し、よりよい生き方を考える。		・自分自身との関わりで考える。 ・多面的・多角的に考える。 ・自己の（人間としての）生き方についての考えを深める。
終末	・よりよい生き方の実現への思いや願いを深める。	・匿名や字面でやり取りをするときの注意点。 ・立場が違えば考え方も異なることを理解する。	・道徳的価値の意義を理解し、自己の生き方に生かす。

ために、どのような指導方法を用いるかということを考えるのが⑥番目になります。

例えば、「展開」の三つ目の発問では、グループでの話合いを取り入れ、子供同士で気持ちや考えを伝え合うことが考えられますし、「展開」の後半では、書く活動を取り入れて、子供たち一人一人がじっくり考えられるようにすることも考えられます。また、ICTを活用し、一人一台のICT端末で実際に文字のみで相手と会話をするような疑似体験を取り入れることも効果的かもしれません。道徳科でよく行われる「役割演技」という体験的な学習の手法を、実際の演技ではなくICT端末上で行うということです。「終末」では、本時で学んだことを印象付けるような教師の

「日常生活」と「教材」の橋渡し

段階	学習活動・主な発問	予想される児童生徒の反応	指導上の留意点
導入	・実態や問題を知る。	日常生活で考える	・道徳的価値について、問題意識をもつ。
ネット上のやりとりで大切なことを考えるために、今日は、『言葉の向こうに』というお話を使って、みんなで話し合いましょう！			
展開	・教材を活用して、道徳的価値を理解し、よりよい生き方を考える。	教材で考える	・自分自身との関わりで考える。 ・多面的・多角的に考える。 ・自己の（人間としての）生き方についての考えを深める。
会話やコミュニケーションで大切なことは、どんなことでしょうか？			
終末	・よりよい生き方の実現への思いや願いを深める。	日常生活で考える	・道徳的価値の意義を理解し、自己の生き方に生かす。

説話を考えておくのも一つの手段です。いずれにしても、指導方法の工夫は、授業のねらいの達成やそのための学習活動をより効果的に行うために適切に取り入れることが一番です。

最後に⑦番目として、１単位時間、中学校では50分の時間配分を考えます。時間は限られているので、かけたいところに時間をかけるには、簡単にすませなければならないところは当然あります。このような時計のメモで考えると、盛り沢山すぎて収まりきらないことに気付くこともできます。

いかがでしょうか。第５章では道徳科の授業構想例を紹介しました。ぜひ、あなたも道徳科の授業を楽しみながらデザインしてみてくださいね。

おわりに

私は教諭として小学校に着任してから、たくさんの先生方の道徳の授業を観させていただいたり、教えていただいたりしながら授業を行ってきました。その楽しさや難しさ、何よりも奥深さを実感し、道徳の魅力に引き込まれていきました。授業に手応えを感じると、誰かに聞いてもらいたい、この新たな試みは通用するものなのか、という思いから、その都度、手弁当で集まる研究会で提案してみたり、専門誌に投稿してみたりしながら、インプットばかりでなくアウトプットもしてきました。

私が教師になってはじめて実践を掲載させていただいたのが、おなじみの明治図書の月刊誌『道徳教育』2000年4月号でした。実践はともかく全国誌に掲載されたことを誇らしく思えたのを覚えています。それ以降も時期を見ては掲載の機会をいただいたことが、私自身の新たなチャレンジのきっかけになったのはまぎれもない事実です。調査官に着任してからは連載までさせていただいており、私の力量が試され、まさにこの月刊誌に今でも育てていただいていると言っても過言ではありません。そんないつもお世話になっている明治図書の茅野現さんに、今回の単行本出版のご提案をいただきました。この上ない幸せを感じております。

本書は私の自己実現ではなく、本書を読まれている皆様方の問題解決であることを意図して『道徳科　授業構想グランドデザイン』というタイトルにさせていただいたことを「はじめに」で述べました。しかし、この「おわりに」では端から自分のことを述べてしまっています。やはり私は、読者の皆様のことではなく、自分のことを考えている愚か者です。でも、それが人間だと思ってお許しください。

そういえば、道徳科の授業を構想するときも、普段の生活や仕事をしているときも、その時々の感情は、自分だけのものなのか、誰もが感じるものなのかを考えることが多いような気がします。お笑い芸人のいわゆる「あるあるネタ」で笑えるのは、どのような立場の人であれ、実はみんなそれを感じたり、考えたりしていたということが明かされる面白さがあるからだと思います。そして気付くのは、自分は多くの方々が感じることを感じている平凡な人間なんだなということです。特有の感じ方やクセのある考え方に憧れる自分がいて、そんなふうに表現できる人としての魅力を醸し出したいと思うのですが、そんな勇気もなければどのように出せばよいのかもよく分からず、例えばコーヒーの淹れ方やテイストにこだわるわけでもなければ、持ち物にこだわるわけでもなく、ワイシャツはいつも白、ラーメンはどんな味でもおいしいと感じられる平凡で平均的な私です。こだわりをもちたいとは常に思っているのですが。

しかし、こうした平凡で平均的な感じ方や考え方ができることが道徳科の授業構想ではとても役に立っていると思えるのです。教材の登場人物がこの場面ではどんなことを感じたり考えたりしているのか、そのときにはいつも、自分の心に聞いてみたり、その当時の心を思い出したりしています。私と子供たちは年齢の差はあっても一致することが多いのです。それは好ましいと思われるよい心だけではなく、醜く至らない心も含まれています。でも、それだけで終わらないのが平凡で平均的な人間のよさだと思うのです。更に上を目指して努力しようという熱い思いを落ち着かせてしまうのは何とかしたいのですが、物事がうまくいかなかったり、人に迷惑をかけてしまったりするともやもやする気持ちがわき上がり、そのときには、その不安定な心を元に戻したい、何とかしてその問題を解決したいと思うのです。悪く言えば変化を好まない人間、よく言えばバランスが保てる人間と言えるでしょうか？

こうした平凡で平均的な私が道徳に出会えたことはとてもプラスに働いていて、バランスを保ちつつ、自分のよりよいスタンスを探りながら生きていけるようになったと思えるのです。何となくではありますが、マイナスの方向に行こうとする自分をくい止め、プラスの方向に行こうとする自分を応援できる心が働いているのは、道徳を学ぶことができているからだと思います。

結局最後まで自分の話をしてしまいましたが、本書は私自身の自己実現ではなく、本書を読まれた皆様方に道徳科の授業に対する問題解決にお役立ていただくためのデザインです。日々の道徳科の授業を行うアウトプットのため、あなたがますますご活躍いただくためのインプットになることを願っております。

令和3年　7月　浅見　哲也

【著者紹介】

浅見　哲也（あさみ　てつや）

1967年埼玉県生まれ。文部科学省初等中等教育局教育課程課教科調査官，国立教育政策研究所教育課程研究センター教育課程調査官。埼玉大学教育学部卒業後，1990年より，埼玉県熊谷市及び深谷市内公立小学校教諭，埼玉県教育局県立学校部生徒指導課指導主事，深谷市教育委員会学校教育課課長補佐兼指導主事，深谷市内公立学校教頭，小学校校長兼幼稚園長を経て，2017年より現職。

どの立場でも道徳の授業をし続け，今なお子供との深い学びを楽しむ道徳授業を追求中。

単著『こだわりの道徳授業レシピ～あなたはどんな授業がお好みですか？～』東洋館出版社，2020年

道徳科　授業構想グランドデザイン

2021年９月初版第１刷刊　©著　者　浅　見　哲　也

2022年11月初版第３刷刊　発行者　藤　原　光　政

発行所　明治図書出版株式会社

http://www.meijitosho.co.jp

（企画）茅野　現（校正）嵯峨裕子

〒114-0023　東京都北区滝野川7-46-1

振替00160-5-151318　電話03(5907)6702

ご注文窓口　電話03(5907)6668

＊検印省略　組版所　株　式　会　社　カ　シ　ヨ

Printed in Japan　ISBN978-4-18-375517-9

JASRAC 出 2106181-203